AF146274

BENZINMAUS –
EINE AUTOBIOGRAFIE VON
MEXIKO BIS MÜNCHEN

EIN LACH- UND SACHBUCH VON
HEIKE A. RÖBEN

I. AUSGABE

BENZINMAUS –
EINE AUTOBIOGRAFIE VON
MEXIKO BIS MÜNCHEN

EIN LACH- UND SACHBUCH VON
HEIKE A. RÖBEN

Bibliografische Information der Deutschen Nationalbibliothek:

Die Deutsche Nationalbibliothek verzeichnet diese Publikation in der Deutschen Nationalbibliografie; detaillierte bibliografische Daten sind im Internet über http://dnb.dnb.de abrufbar.

Geschrieben & herausgegeben 2015 von Heike A. Röben
Buchgestaltung: Heike A. Röben
Lektorat: Dipl.-Ing- Udo Herrmann
Herstellung und Verlag: BoD – Books on Demand, Norderstedt

ISBN: 9783738630831

Praktisch muss es sein;
einfach das Lesezeichen an der
gestrichelten Linie abschneiden bzw.
einknicken und vorsichtig abreißen.

Vorwort

Ich bin Heike, 36 Jahre alt, und habe seit jeher einen kleinen „Splien" (ostfriesisch für fixe Idee, Macke); nämlich Autos. Hierüber möchte ich berichten, da ich denke, dass die „Historie meines Autoticks" des Aufschreibens wert ist. Von amüsanten Begebenheiten bis hin zu technischen Desastern; der / die ein oder andere wird sich sicherlich in diesem Buch wiedererkennen.

Ich wünsche viel Spaß beim Lesen und immer eine Handbreit Gummi unter der Felge.

Eure Heike

Else, eine Ära geht zu Ende

Wir schreiben Juni 2015 und mit einem Kapitel, welches heute zu Ende geht, beginnen meine Aufzeichnungen. Else ist ein 65er Export-Käfer, den mein Vater und ich uns vor 8 Jahren zugelegt haben. Zum Kapitel „Else" komme ich später nochmal in der chronologischen Reihenfolge der Kapitel. Heute jedoch ist ein besonderer Tag, denn Else -unser 65er Export Käfer- wurde verkauft.

Man kann sich nicht ansatzweise vorstellen, wie anstrengend Leute mit null Ahnung sein können. Da hatte der Kaufinteressent ein dickes Bündel Bücher und Tabellen mit Zustandsbeschreibungen und Wertanalysen unter'm Arm, konnte aber nicht mal ohne ein fieses Geräusch im Getriebe schalten. Else tat mir schon fast leid, als sie da oben auf der Hebebühne stand und akribisch jedes kleine Rostpickelchen auf einem Klemmbrett notiert wurde. Letztendlich waren ein paar Wochen im Herstellungsdatum dann ausschlaggebend für den Verkauf: Nämlich, ob der Wagen nun nach oder vor den Werksferien des VW-Werkes in Wolfsburg 1965 vom Band lief. Der Fachmann, der von unserem

Kaufinteressenten zu Rate gezogen wurde, schaute sich die Motornummer an (beginnend mit D 000) und sagte, dass der Wagen dann ab dem 01.08.1965 hergestellt wurde. Da ein Krabbler, der vor der Sommerpause vom Band lief, wesentlich mehr Geld bringt, ließ ich es mir nicht nehmen, auch noch ein paar Details zur Fahrgestellnummer zu googeln. Und siehe da: Lt. Fahrgestellnummer wurde der Wagen definitiv vor dem 31.07.1965 gebaut.

Als Hobby-Detektivin kam dann auch kurze Zeit später die Erleuchtung: Die Karosserie wurde vor der Sommerpause in Wolfsburg gefertigt und der Motor wurde dann Anfang August mit dem Chassis verheiratet. Ein gutes Argument also, um unseren Käfer für knapp 10.000 Euro zu veräußern.

Vor 8 Jahren hatten wir Else bei eBay ersteigert; es war die aufregendste Auktion, bei der ich je in meinem Leben mitgeboten hatte. Konnte ich doch kaum ohne zu Zittern bei der Gebotsabgabe klicken, so nervös war ich. Else war das Tollste, was ich je ersteigerte und die kommenden 8 Jahre sollten wir eine schöne Zeit haben. Mein Vater und ich teilten dieselbe Leidenschaft: Technik und alte Autos. Der Käfer bescherte uns viele schöne Jahre; wir starteten bei der einen oder anderen Oldtimerrallye und brachten sogar einige Pokale stolz nach Hause.

Als ich 30 war, bekam ich ein Baby und ich ließ es mir selbst da nicht nehmen, mit dem Baby an Bord zur Rallye anzutreten. Als stillende Mutter hatte ich die Milchbar und so platzierten wir Oma und Baby im Fond während wir punktgenau unsere Rallye starteten. Etwas zeitkritisch verlief diese Rallye, denn ab und an musste gestillt werden und wir bekamen hierfür natürlich kein extra Zeitfenster. Mit etwas Glück und Geschick erlangten wir den zweiten Platz!

Mit den Jahren änderte sich mein Leben. Kurz nach der Rallye wurde ich krank und bekam Multiple Sklerose diagnostiziert. Ein Schock.

Mein Freund und ich heirateten und kauften ein Haus im Bremer Norden. Um Else wurde es langsam still. Hatte Else zur Hochzeit noch als Brautfahrzeug agiert, so wurden die Male, an denen ich mit Else eine Ausfahrt machte, immer seltener. Wir fuhren nur noch eine Rallye im Jahr und mieteten eine Garage, in der unser Krabbler trocken und sicher stand.

Irgendwann kam der Entschluss, unsere Else zu verkaufen.

Und aus diesem Entschluss wurde heute eine verbindliche Entscheidung. Tschüss, Else und allzeit gute Fahrt!

Wie alles begann....

Ich bin seit frühester Kindheit der Auffassung, dass ein Auto nicht nur Fortbewegungsmittel ist; nein, es ist Spaßfaktor, Freude am Fahren und auch ein klein wenig (beim anderen vielleicht auch etwas mehr) Ausdruck der Persönlichkeit.

Damit meine ich nicht die obligatorische und gern angesprochene „Schwanzverlängerung" oder den „Egoshooter im Straßenverkehr". Nein, es ist vielmehr ein Glücksgefühl, was ich einigermaßen gut in Worte fassen kann, was aber nicht jeder versteht bzw. nachvollziehen kann. Zum Beispiel dieses Gefühl, wenn man einen Hauch von Öl und Benzin schnuppert und den Klang eines bulligen Motors hört, da schalten sich bei mir alle Glückssynapsen an!

VW Käfer hießen bei mir als Kind „Marzipanautos" weil sie aussahen, als hätte sie ein Konditor mit viel Liebe geformt. So schön rund und handlich eben. Schon als Kind empfand ich so. Das war wohl auch der Grund, weshalb ich lieber mit Autos spielte als mit Puppen.

Ein Auto ist für mich persönlich Ausdruck des Charakters, es gehört einfach dazu, wie bei anderen Frauen die Handtasche oder der perfekte Schuh.

Dieses Gefühl, wenn sich ein PS-Bolide mit fettem Sound über die Straße schiebt - unbeschreiblich. Es ist ein ganz spezielles Gefühl wenn man mit dem Po fast auf der Straße sitzt, man ein Wummern vom Auspuff verspürt und man jede Bodenwelle spürt. Dazu legen sich die Hosenträgergurte geschmeidig an den Oberkörper.... Ach, ich komme schon wieder ins Schwärmen von längst vergangenen Zeiten. Ich bin schließlich keine 18 mehr und die Zeiten haben sich geändert.....

Zeit also, diesen (liebevoll genannten) Autotick einmal Revue passieren zu lassen und sich all die schönen und auch unschönen Momente noch einmal ins Gedächtnis zu rufen. Meine Mutter hatte immer inständig gehofft, dass dieser Tick irgendwann aufhört. Sie sagte immer: „Ach, Püppi, wart' mal ab. Wenn du 25 bist, dann ist das auch vorbei mit den Autos." Damit wollte sie sich insgeheim wahrscheinlich ein wenig beruhigen und wahrscheinlich hoffte sie auch wirklich auf den Tag, an dem das Interesse für Autos etwas nachlassen würde. O-Ton meines Vaters: „Du bist mir schon so eine Benzinmaus, du solltest deine ganzen Geschichten mal aufschreiben".

Und mit meinem Vater beginnt eigentlich auch die ganze Historie.

Ich glaube ja immer, dass mir das Autotick-Gen mit in die Wiege gelegt wurde. Meine Mutter ist der Auffassung, dass Papa mich zu oft auf der Motorhaube seines orangen 2000er BMWs gewickelt hat. Die Theorien sind hier sehr vielfältig. Fakt ist aber, dass ich diese Leidenschaft habe, seit ich denken kann. (Ich erinnere mich gerade an meinen ferngesteuerten Geländewagen mit Seilwinde vorn am Fahrzeug, den ich immer am Apfelbaum im Garten hab hochfahren lassen.) Naja, und so setzte sich das Ganze dann fort und ich fuhr leidenschaftlich gern mal um den Block, auch wenn ich leider noch keinen Führerschein hatte.

Hier das potentielle Tatfahrzeug: Ein BMW 2002 von 1973 mit den beiden Hauptverdächtigen, namens Mama und Papa.

Als ich 16 oder 17 war, da hatte ich mal einen Freund, der war stolzer Besitzer eines goldenen Golf II. Und mit ihm durfte ich ab und an mal in einem abgelegenen Waldstück fahren. Eines Abends bin ich so in Gedanken und in Spaß gewesen, dass ich es gar nicht merkte, dass ich in unserem Wohnort bereits auf der Hauptstraße fuhr. Und das Pikante daran: Die Polizei fuhr direkt hinter uns. Jetzt anzuhalten und die Plätze zu tauschen, wäre unklug gewesen, also fuhr ich hoch konzentriert weiter. Es fiel gar nicht weiter auf, aber ich kam ganz schön ins Schwitzen!

Auch mit Mama oder Papa bin ich gern mal bei der Kaserne über die Panzerstraße gefahren. Ich konnte es kaum erwarten, dass ich legal selber fahren durfte. Vorstellen konnte ich es mir auch nicht wirklich: Ich mit Führerschein im Auto. Ich könnte dann überall hinfahren! Ich müsste nicht mehr mit dem Rad oder der Bahn fahren! Ich könnte mich einfach hineinsetzen und hinfahren, wohin ich möchte! Das war ein Traum! Um das Ganze etwas zu beschleunigen -zumindest gefühlsmäßig- kaufte ich mit 17 Jahren mein erstes Auto. Zugegebenermaßen etwas suboptimal, da ich noch nicht im Besitz einer offiziellen Fahrerlaubnis war.

(Auf diesem E30 von 1989 hab ich Fahren gelernt.)

Alfons, ein 1200er, 81er Mexiko-Käfer von 1981

Aber wie dem auch sei; ich kaufte für 3000 D-Mark einen weißen 81er Käfer und legte Beichte bei Mama und Papa in der Küche ab. Woher ich die 3000,- Euro hatte? Ich hatte sie von meiner lieben Großmutter geerbt, die ein Jahr zuvor verstorben war. Mein Erbe sollte für etwas ganz Besonderes sein und das erste Auto war (und ist es immer noch in Gedanken) etwas ganz Besonderes. Nun stand „Alfons", mein weißer Käfer, also vor der Tür und ich saß jeden Abend auf dem Fahrersitz, rauchte eine Zigarette und träumte von der ersten Ausfahrt mit ihm. Papas Freund aus der Jugendzeit war Schönheitskönig von Wilhelmsburg, hatte einen Käfer und hieß Alfons. Papa sagte an einem Abend im Käfer mal zu mir: „Kuchenwarm ist es hier drin, genau wie bei Alfons damals." Seitdem hieß der Krabbler also Alfons. Auch meine Freunde nannten ihn Alfons. Vom Käfer war nie die Rede. Ich nutzte die Zeit des Nichtfahren-Dürfens auch, um ein vernünftiges Radio einzubauen und hier und da noch ein paar „Aufwertungen" vorzunehmen. Hosenträgergurte durften da natürlich nicht fehlen. Ich hegte und pflegte ihn. Und wenn es schneite, dann legte ich liebevoll ein Pappstück über seine Lüftungsschlitze, die sich in der Motorhaube befanden, damit es nicht in seinen Motor schneit. Kurz nach meinem 18. Geburtstag war ich dann endlich im Besitz einer gültigen Fahrerlaubnis und ich durfte offiziell am Verkehrsleben teilnehmen. Geilomat! Juchhu! Ich konnte es kaum fassen!

H. R. Etzold   So wird's gemacht

Zum ersten Auto die erste Reparaturanleitung einschließlich praktischer Hilfestellung* durch Deinen

Papa

Weihnachten 1996

Zugegebenermaßen hatte ich das eine oder andere Mal eine kleine Schwarzfahrt unternommen; mit Mamas

Golf, mit Papas BMW oder auch mal mit den Autos von Freunden. Einmal war ich auch mit meinem Käfer offiziell auf dem Verkehrsübungsplatz und wollte Driften üben; allerdings ging der Schuss nach hinten los. Ich war fest der Meinung, dass ich alles unter Kontrolle haben würde, wenn das Heck ausbricht. Pustekuchen. Während mich mein Heck in der Kurve fast überholte, rammte ich ein Vorfahrtsschild. Vor lauter Schreck drückte ich noch mehr auf die Tube und nagelte das nächste Schild um. Fest der Meinung, mein Auto würde nicht mehr bremsen, raste ich die Böschung hoch um den Wagen zum Stehen zu bringen. Da stand er dann auch. Es qualmte und stank und ich verließ fluchtartig das Auto, weil ich dachte, dass jeden Moment der Motor Feuer fangen würde und Alfons explodiert. Natürlich tat er das nicht, ich regte mich ab und sammelte Nummernschilder, Blinker und sonstigen Kleinkram von der Fahrbahn ein und wir fuhren nach Hause. Die Rückfahrt über saß ich auf dem Beifahrersitz und weinte, weil ich das Gefühl hatte, dass ich Alfons wehgetan hätte....

Zum Glück waren wir allein in den Abendstunden auf dem Verkehrsübungsplatz, denn ansonsten wäre ich wohl der Lacher des Tages bei den anderen Gästen gewesen. Ich bekam dann kurz nach meinem 18. Geburtstag meinen Führerschein. Stolz wie Graf Koks malte ich bei der Unterschrift meines Führerscheines ein Herz statt i-Punkt auf meinen Namen und direkt nach der Unterschrift riss ich die Tür meines Alfons' auf, setzte mich rein und startete den Motor. Seitdem gab es kein Halten mehr (im wahrsten Sinne des Wortes) und ich fuhr eigentlich nur noch Auto. Ob zum Bäcker oder nur mal eben um die Ecke um etwas zu besorgen; ich fuhr mit dem Auto. Selbst in der Mittagspause bei der Arbeit konnte ich nichts essen - ich musste eine Runde mit dem Auto fahren statt zu essen. Manchmal nahm ich mir auch Urlaub, damit ich einfach mal einen Tag fahren konnte. Und am Wochenende gingen wir nicht mehr aus, wir setzten uns gegen acht ins Auto und fuhren los. Und nachts gegen drei kamen wir wieder nach Hause. Wir waren einfach nur gefahren.

Alfons und ich fuhren überall hin und es war ein Glücksgefühl, wenn man den Wagen startete und im Heck der Motor losratterte. Um die Türverkleidungen etwas zu verschönern, bezog ich selbige mit Gummi-tischdeckenstoff. Das sah sehr stylish aus und jeder fragte mich, wo man so etwas machen lassen kann und was es kostet. Der Nachteil war allerdings, dass sich die Türpappen ab 120 km/h aufblähten und man eine Art Airbag am Schenkel spürte. Bei 130 km/h verstand man sein eigenes Wort nicht mehr, konnte das kleine Sport-lenkrad kaum halten und die Türverkleidungen drohten fast zu platzen.

Irgendwann dachte ich, dass meinem Käfer etwas Farbe guttun würde und so bekam er einen lila Streifen und ein kariertes Dach. Kurze Zeit später war ich der Mei-nung, dass er in Blau auch sehr schick aussehen könnte. Gedacht, gesagt, getan. Ich rückte dem Kugelporsche also mit einer Malerrolle und blauer Farbe zu Leibe, nachdem ich ihn liebevoll per Hand abgeschmirgelt, abgeklebt und geprimert hatte. Fast wäre bei den Vorarbeiten noch ein Malheur passiert, denn als ich vorn im Kofferraum lag um kopfüber von innen das Schloss der Kofferraumhaube abzuschrauben, rollte der Käfer langsam aus der etwas abschüssigen Scheune. Scheune ist der falsche Ausdruck; es war eine stillgelegte Mühle hinter'm Deich, die mir Bauer Arno zur Verfügung gestellt hatte. Ich konnte glücklicherweise raus springen und die Handbremse anziehen.

Abends war ich dann fertig und am nächsten Tag, nachdem Alfons größtenteils trocken war, holte ich ihn aus der Mühle und fuhr stolz nach Hause. Ich habe auch mal in Alfons übernachtet; es war die ungemütlichste Nacht meines Lebens. Wir waren zum Käferrennen am Heidbergring Nähe Hamburg, um genau zu sein in Geesthacht. Eigentlich hatten wir geplant zu zelten, aber das Aufstellen eines Zeltes war auf dem Renngelände nicht erlaubt. Da wir schon eine Flasche Vodka intus hatten, mussten wir es uns also im Krabbler so gut es ging gemütlich machen und versuchen zu schlafen. Ich saß auf dem Fahrersitz und mein damaliger Freund Gordon auf dem Beifahrersitz. Trotz bis zum Anschlag zurückgekurbeltem Sitz war ein Schlafen in dieser Position nur schwer möglich. Ich freute mich fürchterlich, als ich morgens um sieben die Fanfare zum Fahrerfrühstück hörte und kurze Zeit später die ersten Krabbler auf der Rennstrecke ihre Runden drehten.

Mit der Zeit wurde mein Geldbeutel immer schmaler. Die Reparaturen fingen an. Und obwohl ich bereits einen zweiten Käfer (für nur 100 Mark) vom Schrottplatz besorgt hatte, der uns als Schlachtobjekt für Ersatzteile diente, kam ich mit meinem Lehrlingsgehalt kaum gegen an. Der Benzinverbrauch von 10-11l tat sein Übriges. Bei jeder Reparatur stellte ich mir die Frage, ob nach dieser Reparatur wohl Ruhe sei. Nachdem ich mehrfach die Erfahrung machen musste, dass keine Ruhe einkehrte und immer wieder das Nächste anstand, traf ich die Entscheidung, meinen Alfons zu verkaufen. Ich brauchte lange, um mit diesem Gedanken schwanger zu werden und ich hatte das Gefühl, als würde ich eine Entscheidung für's Leben treffen.

Ich verkaufte ihn schweren Herzens und ich weiß heute, nach all den Jahren, immer noch die Adresse und den Namen des Käufers. Als Alfons damals vom Hof gefahren wurde, da liefen mir die Tränen. Der Käufer kam beim Rangieren wohl irgendwie an die Lichthupe und Alfons hupte mir damit ein letztes Mal zu. Ich stand oben im Badezimmer und schaute aus dem Dachflächenfenster, wie mein Alfons wegfuhr. Es war ganz fürchterlich traurig. Ich hatte 3 Monate schlimmen Liebeskummer. Und immer wenn ich Alfons begegnete (das tat ich des Öfteren, denn der Käufer und Alfons wohnten nur 6 KM entfernt), zerriss es mir das Herz. Ich wollte Alfons zurückkaufen, aber als ich nach einiger Zeit versuchte, mit Herrn J. aus H. Kontakt aufzunehmen, da war er bereits unbekannt verzogen. Papa sagte zum Trost immer „Ach, Kleine, wenn es gar nicht aufhört mit dem Kummer, dann tröste dich damit, dass du dir ja immer wieder mal einen Käfer kaufen kannst". Das tat ich ein paar Jahre später auch, aber dazu kommen wir später….

Golfi, ein 90er Golf Madison in tornadorot mit 54 PS

In der Zeit des automobilen Liebeskummers bekam ich einen neuen fahrbaren Untersatz. Es war ein Golf II, BJ. 1990. Modell Madison in tornadorot. Meine Mutter fuhr ihn bereits einige Jahre und ich kannte Golfi sozusagen von seiner Zulassung an. Mama schenkte mir Golfi mit den Worten „...damit du überall sicher ankommst". Ich war ganz gerührt und freute mich fürchterlich. Das sichere Ankommen gestaltete sich mit 54 PS allerdings nicht ganz einfach, denn spritzig war er nicht gerade. Das Überholen eines Treckers wurde auf Grund der Unspritzigkeit manchmal zum Wagnis. Ich musste ihn erst richtig einfahren, um aus den 54 PS alles rauszuholen, was ging. Ein sehr schöner Tag in der Beziehung von Golfi und mir war, als wir bei D&W für 2000 Mark eingekauft haben. Das war besser als Schuhekaufen, muss ich zugeben. Ich kaufte blaue Hosenträgergurte (die starre Version in blau von Schroth), ein dickes Auspuffendstück, einen Sportgrill, einen Dachflügel, einen „bösen Blick", blaue Rückleuchten und Farbe. Nach meinem Umstyling hatte der rote Golf blaue Stoßstangen, blaue Seitenleisten und einen blauen Dachflügel. Passend dazu blaue Rückleuchten und einen blauen bösen Blick. Golfi und ich wurden ein eingespieltes Team, auch wenn es nicht Liebe auf den ersten Blick war.

Nach einiger Zeit gönnte ich ihm noch ein paar Alufelgen, die ich gebraucht von einem alten Scirocco bekommen hatte sowie ein 36er Momo Sportlenkrad, was ursprünglich aus einem Ascona kam.

Mit Golfi fuhr ich schließlich ca. 2 Jahre. In diesen zwei Jahren bekam Golfi einiges ab.

An einem Abend saß ich bei einem Bekannten. Dessen Bruder kam ins Zimmer und sagte: „Ich bin etwas gegen Heikes Auto gestoßen." Dass er dabei meine Stoßstange unter den Arm geklemmt hatte, machte mich stutzig. Das „etwas Anstoßen" war ein kapitaler Schaden von 1000 Mark; nachdem ich alles ordnungsgemäß über die Versicherung abrechnen wollte, waren wir keine Freunde mehr.

Kurze Zeit später, ich war mit Golfi beim Supermarkt, haute mir eine Frau, die weniger gut eingeparkt hatte, ihre Tür beim Aufmachen gegen meine Seite. (Sie erfüllte leider wirklich das Klischee der nicht einparken könnenden Frau.) Sie guckte mich doof an und verschwand im Supermarkt. Ich sprang aus meinem Auto, überzeugte mich vom Schaden an Golfi und rief ihr hinterher: „Ey, halt! Stopp! Du hast mir 'ne Beule reingehauen!". Sie huschte in den Laden, ich hinterher und an der Käsetheke war sie dann verschwunden. Ich ging wutschnaubend wieder raus zum Auto und rief die Polizei.

Die Polizei kam netterweise gleich mit einer halben Hundertschaft (was mir etwas unangenehm war) und fing die Frau am Supermarkteingang ab. Naja, und somit gab es dann doch noch Gerechtigkeit und ich bekam meinen Schaden bezahlt.

Eines Abends kam es ganz dicke, da nahm mir ein Mercedes Kombi die Vorfahrt und ich rauschte volle Kanne rein. Bremsen? Keine Chance. Ich rief die Polizei und der Beamte fragte mich „Ach, hallo Frau Herrmann, sollen wir einen Besen mitbringen?" Ja, sie brachten also einen Besen mit und begrüßten mich mit Handschlag; irgendwas war ja schließlich immer.

Bei Golfi habe ich auch das erste Mal gelernt, wie man Sicherungen tauscht. Nämlich an jedem Schneeregen-Tag, als mir die Sicherung vom Scheibenwischer durchknallte. Und das auf der Autobahn. Hintergrund: Der Scheibenwischer war etwas angefroren und als ich ihn anschalten wollte, da rührte er sich natürlich nicht (weil er ja nun mal angefroren war) und somit brannte die Sicherung durch. Ohne Scheibenwischer mit Schneeregen auf der Autobahn ist nämlich wirklich nicht ganz optimal.

Flitze, mein 2000er Polo, 75PS (16V), Trendline

Nach all diesen Eskapaden passierte an einem Abend etwas ganz Tolles. Fast unglaublich, kann man sagen. Ich kam mit Golfi gerade aus Essen von der Motorshow. Mama und Papa baten mich auf's Sofa und wir tranken einen Kaffee. Mama fing: „Püppi, du bist unser ein und alles. Du fährst so viel Auto und wir haben oft Angst um dich." Gut, damit hatte sie nicht ganz Unrecht, denn es gab auch Wochenenden, an denen bin ich mit Golfi von Bremen bis nach Luckau und wieder zurück gefahren. Und das an einem Tag! Dass Eltern da vielleicht ein wenig Sorge um ihr Kind haben, ist verständlich.

Sie fuhr fort: „...wir könnten es uns nie verzeihen, wenn dir mal etwas zustößt." Irgendwann grätschte Papa dazwischen und sagte plump: „Deshalb wollen wir dir ein neues Auto kaufen." Alter Schwede, ich traute meinen Ohren nicht. „Bitte was? Hä? Wie bitte?", fragte ich verwirrt.

Ja, die beiden Lieben wollten mir ein niegelnagelneues Auto kaufen. Mit ABS, Airbag usw., damit ich schön immer sicher ans Ziel komme. Polo oder Golf IV, das war die Frage. Nachdem mir der 55-PS-Golf aber nicht genug Wumms hatte und er mir auch zu groß war, entschied ich mich für einen Polo 6N2 16V mit 75 PS und Sportausstattung. Und dann auch noch in der Farbe meiner Wahl. Blue Anthrazit Perleffect.

Nach 3 Monaten Wartezeit war er dann da. Golfi hatte ich verkauft; ein Führerscheinneuling freute sich fast ein zweites Loch in den Allerwertesten, so toll fand er meinen Golfi.

Mein Liebeskummer hielt sich auch in Grenzen, denn vor der Tür stand Flitze, mein niegelnagelneues Auto. Als Basis schon mal super, dennoch bedurfte es einiger Modifikationen, bis man kurz vor'm automobilen Orgasmus stand. Auf einschlägigen Parkplätzen bekannter Fastfood-Ketten war ich mit dem Auto natürlich der absolute King. Im Laufe der Jahre bekam Flitze so ziemlich alles, was das Tuningherz begehrt.

Eine richtig fette Soundanlage, einen DVD Player und Fernseher, er wurde (von meiner Steuerrückzahlung) tiefergelegt und und und. Ganz stolz war ich auf die weißen Rennfelgen, die eine absolute Rarität waren. Nachdem wir 8 Jahre wirklich mächtig Spaß zusammen hatten, wurden wir eines Tages ordentlich zusammengeschoben auf der Autobahn. Unglaublich, aber wahr; jemand bremste auf der Autobahn bis er zum Stillstand kam. Der gute Mann hatte sich überlegt, dass er eigentlich abfahren wollte und da der rechte Fahrstreifen etwas voll war, dachte er sich, dass er einfach mal locker flockig auf der Autobahn anhalten könne.

Geistesgegenwärtig machte ich eine Vollbremsung wie aus dem Lehrbuch. Für den späteren Schaden hat mir die Vollbremsung nichts genützt im Gegensatz zur Schuldfrage. Ich bremste also, kam mit einem riesengroßen Schrecken zum Stehen. Innerlich dachte ich, dass das Ganze hier gar nicht gut sei und ich schaute in den Rückspiegel. Es war vielleicht nur eine Sekunde bis es zum Knall kam, aber diese Sekunde zog sich wie in Zeitlupe. Ich dachte, dass ich gleich wahrscheinlich sterben würde. Ich zog meine Hosenträgergurte nochmal fest und schaute auf die Uhr. Ich dachte mir innerlich, dass ich wenigstens wissen möchte, zu welcher Zeit ich sterben würde. 8:36. Mein Radio spielte irgendwas von Michael Jackson. Ich saß da nun also, konnte nicht vor und nicht zurück. Aussteigen ging auch nicht, da links von mir Autos mit unbegrenzter Geschwindigkeit vorbeirauschten und der rechte Fahrstreifen immer noch Auto an Auto stand. Keine Lücke, wo ich hätte zwischenfahren können.

Ich guckte also eine gefühlte Ewigkeit in den Rückspiegel und bereitete mich auf mein Ende vor. Der Bundeswehrbus kam kontinuierlich näher. Es war die längste Sekunde in meinem Leben. Dann knallte es und alles war still. Das Radio war aus. Mein Motor war auch aus. Meine Handtasche war weg und ich hatte einen Schlag gegen den Kopf bekommen. Die Uhr war mittlerweile auf 8:37 gesprungen und ich dachte mir: „Cool, was war das denn, ich lebe noch!". Außer einem Schleudertrauma und einem platten Auto war alles gut. Ich stieg aus, Vorder- und Hintermann ebenfalls. Wir brachten die Fahrzeuge von der Fahrbahn und ich suchte im Fußraum mein Handy. „Für Polizei habe ich jetzt eigentlich keine Zeit", sagte der Mann, der die glorreiche Idee hatte, auf der Autobahn anzuhalten. Nachdem ich meinen Vordermann rundgemacht hatte, rief ich die Polizei, die kurze Zeit später kam. Der Busfahrer, der mir hinten drauf gefahren war sagte: „Ja, ich habe gesehen, dass da jemand steht aber bremsen wollte ich dann auch nicht mehr; hätte eh nichts gebracht". An diesem Tag dachte ich, dass ich nur von Idioten umgeben sei. Mein Vordermann bekam eine Anzeige, weil er auf der Autobahn angehalten hatte und mein Hintermann bekam Schuld,

weil er aufgefahren war. Ich war die Einzige, die keiner-
lei Schuld traf, die dafür aber das kaputteste Auto hatte.
Flitze wurde in der Werkstatt wieder fit gemacht und da
ich eine neue Haube und eine neue Heckklappe brauchte, nutze ich die Gelegenheit, um mir gleich eine
gecleante Heckklappe und eine perfekt angeschweißte
Motorhaubenverlängerung zuzulegen. Nach einiger Zeit
waren Flitze und ich dann wieder hergestellt und Flitzes
Karosserie war nun auch vollendet.

Abends auf den Parkplätzen diverser Fastfoodketten
hatten wir unser Revier und auch das eine oder andere
Autorennen war das Unsere.

Mexikaner

Neben dem kleinen spritzigen Polo kam dann aber auch wieder das Käferfieber durch. Es flammte latent in mir; all die Jahre. Ich fand im Kleinanzeiger ein wirklich interessantes Angebot und wollte eigentlich nur mal gucken fahren.

Das Ende vom Lied war dann, dass ich nach dem „nur mal gucken" in einem alten Käfer nach Hause kam, der tiefer, lauter, breiter und aufgemotzt war. Für 600 Euro ein echter Spaßfaktor. Ich wollte diesen Käfer nur für den Sommer besitzen und nach ein paar Monaten wie-

der abstoßen. Ich brauchte eben nur mal wieder diesen
gewissen Kick.

H. R. Etzold   So wird's gemacht

Zum ersten Auto die
erste Reparaturanleitung
einschließlich praktischer
Hilfestellung* durch Deinen

Papa

Weihnachten 1996

* gilt auch für den 2. Käfer
den du dir im Juli 2005
gekauft hast.

17.07.05   Papa

Der Spaßfaktor wurde allerdings etwas durch die Tatsache getrübt, dass der Krabbler nur auf 3 Pötten lief. Die Suche nach einem Austauschmotor gestaltete sich mittlerweile schwieriger als gedacht. Einen Motor konnte man sich damals bei jedem gut sortierten Schrottplatz besorgen. Mittlerweile war es aber nicht mehr so einfach und die Motoren kosteten mittlerweile genau so viel wie der Krabbler selbst.

Und woran lag das? Die Trikes waren schuld. Als die Trikes nämlich in Mode kamen, gab es diverse niederländische Firmen, die alle deutschen Schrottplätze abgrasten und die alten Käfermotoren aufkauften. Somit ging es ratzfatz, dass der Schrottmarkt leergefegt war und es nicht mehr so einfach war, mal eben einen Austauschmotor zu besorgen.

Dank eines guten Freundes der Familie, dem lieben Herrn M. aus G., wurde der Traum eines Austauschmotors, der auf allen Zylindern läuft, aber doch noch wahr. Herr M. hatte noch einen uralt-Käfer im Garten unter der Plane stehen und willigte einer Organspende ein. Ich habe auch etwas dabei gelernt: Wenn die selbsternannte Fachleute sagen, dass ein Austausch des Motors Kinderkram ist (nach dem Motto „sind nur vier Schrauben"), dann glaube ihnen kein Wort.

Zwei Mann, zwei Ecken, vier Schrauben und etwas mehr Arbeit als immer behauptet wird, und der Motor saß.

Ich hatte zwar ein paar schöne Stunden, aber ich habe auch viele unschöne Stunden mit Schieben verbracht. Ständige Vergaservereisung war das Problem. Naja, und da er mit den Rädern und der Tieferlegung eh nicht durch den TÜV gekommen wäre, da alles nicht so recht eingetragen war, habe ich ihn dann nach ein paar Monaten Spaß am Fahren versteigert. 800 Euro gab es für den Krabbler, somit hatte ich also nicht den mega Verlust gemacht (was sich in den nächsten Jahren aber noch ändern sollte).

Der Krabbler

Es begab sich also zu der Zeit, da war der Sommer gar nicht weit.
Am 13.07. war es geschehen,
Heike tat einen Käfer sehen.
Doch nicht nur sehen tat sie das Automobil,
sie kaufte ihn sogar – und zahlte nicht viel.

Soweit so gut, das ist nicht weiter schlimm,
plötzlich steckten wir in folgender Misere drin:

Zum Beichten fuhr sie direkt in den Meisenweg drei
Und dachte sich: Hoffentlich ist nun die Freundschaft mit MaPa nicht vorbei.
Der blaue Käfer stand da nun,
doch es gab noch einiges zu tun.
Nämlich lief er nur auf drei Töpfen,
doch mit Papas Fachwissen konnte man Hoffnung schöpfen.

Da muss man mal reinschau'n, und gucken was ist,
und siehe da, es war alles Mist.
Ein Kolben, zweigeteilt, und Splitter unzählig,
der Motor war hin, Gott hab' ihn seelig.

Problem war nun, 'nen neuen alten zu bekommen,
und schon hatte die Schrottplatzodyssee begonnen.
Zuerst gedacht, das wird nicht schwer,
wurde die Suche schwierig sehr.
Wo es noch gab Käferteile vor Jahren wie Sand am Meere
ist nun absolut gähnende Leere.
Einen Motor bekamen wir angeboten,
doch der sah aus als sei er verboten.
Schön Bucheckern und Tannennadeln taten im Motor verweilen,
der Verfall tat sich bei diesem Gerät also schon beeilen.

Auch eine Art Notstromaggregat und Rasenmäher bekam Papa geboten,
doch ein Rasenmäher als Motor ist bestimmt verboten....

Alles hoffnungslos und kein Motor in Sicht,
sahen wir am Ende des Tunnels ein Licht.
Ein Saxomat unter Plane im Garten,
tat auf uns mit seinem Motor warten.
Seit Jahren stand er dort und der Verfall hatte begonnen,
doch wurde der Motor nun entnommen.

Schnell noch geklärt, ob PS ok,
aber mehr PS tu'n ja nicht weh.

Zum Laufen gebracht und ausgebaut,
feingetuned und angeschaut.
Eingestellt und fit gemacht
und danach nach Ganderkesee gebracht.
Dort fand dann des Käfers zweite Hochzeit statt,
die Maschine ist fett und der Sound ist satt.

Zum Laufen kriegen kostete also viel Mühen und Zeit,
doch dann war es endlich soweit.
Der Motor ist nun drin in meinem Automobil,
letztendlich kostete es Nerven viel.
"Sportliche" 44 PS schnurren nun unter seinem Heck,
der Quickly fahr ich damit an der Ampel bestimmt weg. ☺

Zur TÜV-Eintragung geht es dann in ein paar Tagen,
bestimmt werden die mich dort vom Hof runterjagen.
Doch was wir dann machen, das werden wir dann seh'n,
vielleicht werden wir dann vor dem nächsten Problem steh'n......
Vielleicht auch erstmal illegal fahren mit Nervenkitzel im Nacken,
ja, die Herrmanns haben komische Macken....

Aber -wie gesagt-
das TÜV-Thema werden wir vertragen,
denn nun möchte ich erstmal DANKE sagen:

Wenn ich Papa nicht hätte, dann wär ich arm dran,
man dann nämlich alles mit Autos vergessen kann.
Der beste Mechaniker mit Grips und Verstand –
er ist der Beste im ganzen Land!

Feinsäuberlich geht alles durch seine fachmännischen Hände,
er kriegt alles hin und fummelt bis zum bitteren Ende.
Auch Wissen und Verstand und logisches Denken
tut er jedem Arbeitsauftrag schenken.

Sehr präzise und gewissenhaft,
er jede Reparatur mit Auszeichnung schafft.
Ob ein deutscher Panzer oder ein abgerissenes Puppenbein,
Papa macht alles heile,
das ist fein.

Nun kann ich fahren,
nun ist es soweit,
drum bekommt Papa Käferfahrerlaubnis auf Lebenszeit.
Wenn ich mich schon für seine Mühen nicht richtig revangieren kann,
biete ich ihm als Dank meinen Käfer zum Fahren an.
Wann immer er das Gefühl verspürt um den Block zu heizen,
darf er meinen Wagen nehmen ohne mit Benzin zu geizen.
Er darf immer kostenlos fahren soviel er mag,
egal ob stundenweise oder 'nen ganzen Tag.

Ich danke sehr herzlich, denn Papa hat keine Arbeit und Mühen gescheut,
ich hatte teilweise den Autokauf ja schon bereut....
Mein Gewissen war schlecht die ganze Zeit,
denn Papa und ich waren vom Ausrasten nicht mehr weit....
Auf's Auge drücken ein ganzes Automobil,
ist bestimmt auch etwas zu viel.
Drum denke dran und sei gewiss,
dass das der letzte Käfer is'.
Nochmal werde ich keinen kaufen,
denn wir haben ja nun einen und der tut laufen.

Danke Danke sagen ich und das Automobil,
tausend Dank, und davon viel.

Deine Heike & der "kl. Paul"
August 2005

Krabbler-Reim, Teil II

Hier kommt die Fortsetzung zu meinem letzten Gedicht,
-der Krabbler ist hübsch, zeitlos und schlicht.

Auch wenn er einfach ist und funktional
manchmal ist er eine Qual...

Ich eines Tages unbesorgt mit ihm durch die Gegend rollte,
er plötzlich nicht mehr lenken wollte!
Der Papa, ja der weiss sehr viel,
kannte er auch den Grund für's Lenkungsspiel.
Eine Schraube war locker,
der Tank musste raus,
gut, dass es den Rentner gibt zu Haus'.
Fleißig und emsig reparierte er das,
dann machte das Käferfahren wieder Spaß.

Doch noch nicht genug mit all den Leiden,
tat die Bremsflüssigkeit die Schläuche meiden.
Hinfort war sie ganz plötzlich dann,
sodass man nicht mehr bremsen kann.
Papa hat sich's angeschaut,
'nen Schlauch besorgt und eingebaut.
Nun ist die Flüssigkeit wieder dort wo sie war,
Danke Papa und Hurra.

Nun denkt der Leser, genug mit Fluchen,
doch ich sage "Pustekuchen".

Denn es gab da noch ein Stromproblem,
was wir uns per Gedicht jetzt genauer anseh'n.
Das Radio lief, die Batterie war leer.
Da stand der Krabbler nun – bittesehr.
Wie von Geisterhand ging immer das Radio an,
woran das wohl liegen kann?
Batterie geladen und wieder reingetan,
doch ich konnte immer noch nicht fahr'n.
Der Vorgänger, er war so dumm,
schraubte falsch am Radio rum.
Beim Einbau war er wohl in Not,
denn unsere ganze Elektrik war tot.

Papa hat das repariert,
denn ich hab' Elektrik noch nie kapiert.

Einen schlauen Vater zu haben mag ich sehr,
denn sonst könnte ich nicht "krabbeln" umher.

Letzten Dienstag lernte ich dann,
dass man ohne Benzin nicht fahren kann.
Auch 5 Liter aus dem Kanister verschmähte er,
eine kluge Idee musste her.
Da schob ich ihn nach Hause dann,
im Nachhinein ich darüber lachen kann.
Doch 3 Kilometer sind sehr weit,
wenn man den Krabbler schiebt zu nachtschlafender Zeit.

Da stand er nun und siehe da,
Papa kriegte ihn zum Laufen – wunderbar!
Papa tat Benzin reinkippen,
und schon kam ein Lächeln über seine Lippen.
Denn der Krabbler sprang an und pupste los,
was hatte ich falsch gemacht denn bloß?
Ich hatte wahrscheinlich nicht genug gepumpt beim Fluten,
drum tat sich gar nichts – außer tuten.

Was ich mit diesem Gedicht mal sagen mag:
Ich Krabblerfahren ohne Papa gar nicht wag'.
Wenn Papa nicht wäre,
was täte ich dann?
Gut, dass wir ihn haben, diesen tollen Mann ☺
Alles kann er, das ist fein,
drum mag ich ihn sehr, mein Papalein.

Und nächste Woche,
das ist versprochen,
werden wir ein Mc Donald's Eis verkosten.
Wir fahren dann mit dem Krabbler hin,
du und ich, wir sitzen drin.

Wir werden es uns gemütlich machen,
mit stinkinger Heizungsluft und all so Sachen.
Denn wenn es ist kuchenwarm da drinnen,
dann lächelt man und ist wie von Sinnen.

Man sitzt dort dunkel und auch warm,
und der Krabbler ist auch gar nicht lahm.
Das rote Plüsch kuschelt sich an einen,
man könnte schon vor Glück fast weinen.
Im Maschinenraum knallt es dann ab und zu doll,
das machen wir gern,
das finden wir toll.
Sehr minimalistisch ist es hier drinnen,
oft sind wir hier ganz von Sinnen.

Doch es soll auch Leute geben mit Sicherheitssinn,
die gurten sich komisch an, sitzen sie einmal drin.
Meine Mama nimmt Gurte sehr viel,
denn sie sagt der Straßenverkehr sei ein ernstes Spiel.
Gelacht habe ich und konnte nicht mehr,
vielen Dank dafür – dankesehr.

Vielen Dank für die tausend und abertausend Sicherheitschecks, Reparaturen,
kleine Ersatzteile, Tankfüllungen und den seelischen Beistand!

BMW 5er, 3..2..1..meins

Man nannte ihn auch Porno, ein E28 von 1985.

Die Affäre mit dem „Sommerkrabbler" hatte mir irgendwie Spaß gemacht und so beschloss ich drei Jahre später, dass ich so etwas ruhig noch einmal machen könne. Meinen Polo fuhr ich nach wie vor und ich hätte ihn auch eigentlich nie verkaufen wollen.

Eines Abends ergab es sich, dass man in illustrer Runde Wein trank und spaßeshalber mal im Internet schaute, was man so alles ersteigern könne. „Ach, bei 'nem 5er BMW könnte man ja mal ein Gebot abgeben", dachte ich mir und gab spontan 600 Euro ein. Danach ging ich ins Bett. Was ich dann morgens in meinen E-Mails las, ließ mich fast erstarren: „Herzlichen Glückwunsch, der Artikel gehört Ihnen. Gekauft für 565 Euro." Na toll, da hatte ich nun allen Ernstes diesen E28, Baujahr 1981 ersteigert. Erschwerend hinzukam, dass er keinen TÜV mehr hatte, abgemeldet war und in München binnen 5 Tagen abzuholen war. „OK, nur die Ruhe bewahren und nicht ausflippen", dachte ich mir. Mit sowas muss

man rechnen, wenn man im angetrunkenen Kopf un-
überlegt bietet. Nachdem ich mich mit einem Tässchen
Kaffee runtergefahren und beruhigt hatte, schmiedete
ich folgenden Plan: Mit dem Nachtzug von Bremen
nach München, morgens das Auto mit Kurzzeitkennzei-
chen abholen und dann -in der Hoffnung dass es fährt-
damit von München nach Hause. (…und dabei beten,
dass man unversehrt zu Hause ankommt.) Gesagt, getan. Wir saßen also abends im Zug nach München. Das
Schlafen in den sogenannten Schlummersesseln war
ähnlich unbequem wie im Käfer damals. Morgens kamen wir an und als der Verkäufer den Wagen aus der
Tiefgarage fuhr, da überkam mich ein Gefühl, als hätte
ich etwas total Tolles gekauft. Irgendwie war der „Porno", so nannten wir ihn, auch toll. Er sprang sofort an,
war mit seinen 150 PS sehr potent und schick fand ich
ihn auch irgendwie. Bisschen Zuhälterauto vielleicht,
aber ziemlich cool. Dass er Rostlöcher im Schweller
hatte, die mehr als faustgroß waren, sah ich zu diesem
Zeitpunkt noch nicht.

Wir schraubten also die Nummernschilder an, klemm-
ten ein Radio an (fahre niemals ohne Sound an Bord)
und fuhren los. Auf der Autobahn immer schön rechts

und bloß nicht zu schnell, schließlich wussten wir ja nicht, was während der Fahrt alles passieren könnte. Es passierte allerdings nichts; außer dass wir mächtig Spaß hatten diese Kiste nach Hause zu fahren.

Ich fuhr am nächsten Tag gleich zu meinen Eltern um meine neueste Anschaffung stolz zu präsentieren. Papa schlug die Hände über dem Kopf zusammen und stöhnte: „Oh nein!" Wahrscheinlich ahnte er zu diesem Zeitpunkt bereits, dass er derjenige sein würde, der die eine oder andere Stunde unter diesem Fahrzeug verbringen würde. So kam es dann auch. Wir fuhren erst einmal zum DEKRA, wo ich ebenfalls vom Meister ein „Oh nein!" hörte. Er stocherte mit seinem Schraubendreher im Schweller herum und der Rost rieselte in einer Tour. „Den kriegst du niemals durch den TÜV", sagte er mit schüttelndem Kopf. Der DEKRA-Meister war der Sohn von Herrn Maurer, der mir damals den Käfer-Motor vermacht hatte und Papa beim Einbau half. Der Sohn von Herrn Maurer nahm seinen Job und seine Verantwortung ernst; er nahm mir an diesem Vormittag jegliche Illusion vom legalen Fahren mit dem E28.

Aber ich wäre nicht die Benzinmaus, wenn ich nicht jemanden ausfindig gemacht hätte, der mir den Porno zusammenschweißt. Ich machte einen fürchterlich dicken Mann ausfindig, der fürchterlich gut schweißen konnte. Mitten in der Pampa hatte er eine Scheune mit einer Hebebühne und er war alles andere als vertrauenserweckend. Er hätte Metzger, Serienkiller und Henker sein können. Aber eines konnte er: schweißen. Er zimmerte mir die Reparaturbleche perfekt unter's Auto. Das Ende vom Lied war, dass mein Porno getüvt wurde und ich freie Fahrt hatte. Stoßdämpfer waren dringend nötig und beim Ausbau stellte sich heraus, dass der Teller an den Dämpfern schon so gut wie abgegammelt war. Ein paar Kilometer mehr und das Ding wäre weggebrochen. Solche Kuriositäten finden immer einen schönen Platz auf meinem Wohnzimmerregal. (Hier ist auch der Kolben aus jenem Mexikokäfer zu finden, der auseinandergerissen ist!)

Ich erinnere mich noch an die Begebenheit mit der defekten Benzinpumpe. Ich hatte es satt, dauernd Starthilfespray in den Ansaugkanal zu sprühen und so beschlossen wir dann, dass wir einfach mal die Benzinpumpe austauschen sollten. Mein Vater lag unter'm Auto und stöhnte, weil irgendetwas nicht ging. Da kam der Zahnarzt von nebenan zum Gucken rum. Michael G. ist Zahnarzt und Oldtimerschrauber, was eine ziemlich praktische Kombi ist. Er sagte, dass man, wenn man kopfüber unter'm Auto liegt, anders herum denken muss. Er kenne das von der Behandlung seiner Patienten, denn da müsse er auch immer seitenverkehrt denken. Ja, und dann war es plötzlich ganz einfach, die Benzinpumpe ordnungsgemäß einzubauen und anzuschließen.

Ich hatte ein paar schöne Monate mit meinem Porni und hätte gern mal meinen Kumpel Martin mitgenommen. Dieser sagte mit erhobenem Zeigefinger, als ich ihn zu einer Spritzfahrt abholen wollte: „Nein, da steige ich unter gar keinen Umständen ein." Martin ahnt bis heute nicht, was er verpasst hat.

Der Sommer neigte sich dem Ende und ich wusste, dass ich meinen E28 nun wieder abstoßen musste, denn zwei Autos waren dauerhaft auch zu teuer. Ich inserierte im Internet und es war schnell ein Käufer gefunden, der mir das Dreifache von dem bot, was mein Porno gekostet hatte. Diese Gelegenheit nahm ich natürlich wahr und verkaufte den Wagen. Eigentlich hätte ich ihn gern noch ein bis zwei Monate länger gefahren, aber dann hätte ich sicherlich keinen Käufer gefunden, der mir so viel Geld zahlt.

Und dann kam Else, ein 65er Export-Käfer mit 6 Volt

Das zweite Auto, was ich im Internet ersteigerte, war Else. Papa zahlte, ich steigerte. Unser Projekt Else macht mich jetzt immer noch ganz sentimental. Aber ehe es dazu kam, sahen wir uns viele Käfer an. Wir fuhren für unseren Traum sogar bis in die Lüneburger Heide (ich glaube, es hieß Amelinghausen) und nach Kiel; teilweise waren die Krabbler auch nur Hülle statt Auto. Bei einem Verkäufer turnte Ziegenbock „Rambo" sogar noch durch die Scheune, in der der zerlegte Krabbler stand. Scheunenfund im wahrsten Sinne des Wortes.

Papa ist zu „Rambo" sogar zwei Mal gefahren, aber bei logischer Überlegung stellten wir fest, dass es noch nicht DAS Richtige für uns sei. Basteln schön und gut, aber von Grund auf einen Krabbler restaurieren, das war auch nicht unser Wunschtraum. Nachdem wir nun mehrfach von einem Ziegenbock namens Rambo angesprungen worden waren und gefühlte 1000 Hühner und Küken verscheuchen mussten, war die "Mission Rambo" dann auch irgendwann vom Tisch. „Wir müssen vernünftig sein, wir brauchen ein Auto, wo nicht ganz so viel dran zu machen ist", besprachen wir und waren einer Meinung.

Unsere Ausflüge waren immer kurzweilig und fröhlich und wir lernten eine Menge dazu. In der Nähe von Kiel sahen wir uns einen Käfer mit „Schwedenstecker" an, auch so etwas hatten wir vorher noch nie gesehen. *(Was bringt so ein „Schwedenstecker"? – vorgewärmtes Motoröl, d.h. leichter Kaltstart am Morgen, egal welche Kälte herrscht. Er wird anstelle des normalen, serienmäßigen Ölablassdeckels verbaut. Am Motorabschlussblech wird eine Durchführung für die Leitung geschaffen, die Anschlussdose wird an die linke oder rechte Motorbrandschutzwand verbaut und der Stecker wird in die Verbindungsdose eingesteckt. Dann noch die Zuleitung mit einer han-*

delsübliche 220V Steckdose verbinden und es sollte funktionieren.
Die serienmäßige Ölablassschraube wird übernommen.)

Wie gesagt, die Ausflüge waren immer äußerst nett und lehrreich, aber das Richtige war noch nicht dabei.

Bis ich Else entdeckte.

Wir sahen Else im Internet und schauten uns den Wagen an, ehe wir im Internet ein Gebot abgaben. Bereits beim ersten Blick in die Garage, in der Else eingemottet war, zwinkerte Papa mir zu und nickte. Auch ich war sofort Feuer und Flamme. Es war nichts, was man hätte bemängeln können.

Also fuhren wir wieder nach Hause und am Tag danach, kurz vor Ende der Auktion, saß ich mit zittrigen Händen am Rechner und wartete auf den richtigen Moment um unser Gebot abzugeben.

Papa hatte ich live am Telefon um mir sein OK zu holen, damit ich noch mehr Geld einsetzen konnte. Am Ende der Auktion war ich mir unsicher. Hatten wir ihn jetzt? Oder doch nicht? Es boten so viele Leute auf einmal dass ich nicht gemerkt hatte, dass ich vorn lag.

Ich konnte ja kaum klicken vor lauter Aufregung und Herzrasen. Und dann endlich der Hinweis „Herzlichen Glückwunsch, der Artikel gehört Ihnen." Ich flippte fast aus; Papa am anderen Ende der Leitung auch. Stefan kam direkt nach Angebotsende mit einer Flasche Sekt ins Zimmer. Ach, das war alles so aufregend.

Einige Tage später fuhren wir dann nach Ostfriesland und holten unseren 65er Käfer ab. 65er Käfer, Exportversion und 6V. Mit Stahlschiebedach und in Topzustand. 5400 Euro waren auch viel Geld, aber für das, was wir bekamen, eigentlich auch ein Schnapper. Der Ostfriese servierte uns frisch gebrühten Kaffee und freute sich anscheinend, dass ihn mal jemand besuchen kommt. Er hörte nicht auf zu reden (eher untypisch für ältere ostfriesische Herren). Und irgendwann war es dann auch endlich soweit: Papa setzte sich in den Käfer, schmiss ihn an und wir fuhren heim. Papa im Käfer vorweg und Mama mit mir in Flitze hinterher. Ja, meine armen Eltern mussten in Sachen Auto schon viel mitmachen.

Else hatte seit diesem Tag die Garage bei meinen Eltern bezogen und erfreute sich bester Pflege und Wartung.

Papas E36 wurde aus der Garage verbannt, was mir manchmal sogar etwas Leid tat. Aber Else konnte nun mal unmöglich draußen stehen.

Und das Schönste von allem: Mit Käfer Else fuhren wir Oldtimerrallyes, was eine große Leidenschaft von Papa und mir war. Immer wieder war es (und ist es heute noch) ein absoluter Nervenkitzel, wenn man bei einer Rallye startet und die Motoren aller Teilnehmer angeschmissen werden. Wenn über 100 Fahrzeuge am Start sind, dann ist das schon fast ein bedrohliches Donnern und ich liebe es. Dazu noch dieser spezielle Geruch; das kann man wahrscheinlich nur nachempfinden, wenn man es selber erlebt hat und die gleiche Leidenschaft teilt.

Bei jeder Rallye erlebten wir das gleiche Schauspiel: Hoch motiviert gingen wir an die Aufgaben ran, immer mit dem Wissen der vergangenen Rallyes im Kopf, dachten wir „jetzt kann ja eigentlich nichts mehr schiefgehen, die gleichen Fehler machen wir ja nun nicht mehr." Aber bei jeder Rallye gab es Punkte, an denen wir uns kopfschüttelnd ansahen und an der Richtigkeit der Bordkarte bzw. den Aufgaben zweifelten. Und bei jeder Rallye gab es am Abend beim Essen das Aha-Erlebnis, wo uns plötzlich alles klar war. Wenn wir sehr schlecht abschnitten, dann verließen wir mit den Worten „naja, wir sind ja auch keine Profis" die Veranstaltung. Wenn wir jedoch einen Pokal einheimsen konnten, dann sagten wir lässig „ja, wir sind ja auch schon lange dabei und haben Erfahrung".

Zur Hochzeit stand natürlich außer Frage, dass wir mit Else fahren würden.

Und ich ließ es mir nicht nehmen, selbst am Steuer zu sitzen auf dem Weg zum Standesamt. Else stand geschmückt vor der Tür und wir fuhren los. Nach einer Ehrenrunde, die wir drehen mussten weil ich den Brautstrauß vergessen hatte, fuhren wir Richtung Lemwerder, wo wir mit der Fähre nach Bremen Vegesack übersetzen wollten.

Die Hochzeit sollte nämlich in Vegesack stattfinden. Auf der Fähre spaßte ich: „Stell' dir mal vor, wenn Else jetzt gleich nicht anspringt." Else hatte ab und an die Angewohnheit, gelegentlich nur zu hupen statt anzuspringen. Auch hupte sie gelegentlich, wenn man das Lenkrad einschlug. Diese Besonderheit führte auch einmal dazu, dass wir wild hupend durch einen Drive Inn fuhren. Die selbsternannten Fachleute haben in solchen Situationen immer sehr kluge Ratschläge; genau wie auch beim Motoraustausch. Meist nützen diese Ratschläge allerdings nicht viel, da sich etliche Leute dann im Endeffekt doch nicht so viel Fachwissen haben, welches sie denken zu besitzen.

Else hatte bereits ein neues Schloss und so weiter aber das Hupen tauchte weiterhin gelegentlich auf. Oft auch, wenn der Schlüssel die Lenksäule berührte.

(Auch diese Erkenntnis führte nicht zur Lösung des Problems!) Aber zurück zur Hochzeit. Wir setzten also mit der Fähre über und ich startete den Motor. Ich versuchte es jedenfalls. Else hupte kurz und nichts passierte. Binnen einer Sekunde wurde ich unruhig innerlich, denn zum einen waren wir sowieso schon spät dran und zum anderen malte ich mir im Kopf schon aus, wie wir -festlich angehübscht- Else von der Fähre die Rampe hochschieben.

„Nur die Ruhe bewahren", dachte ich mir innerlich. Und siehe da, Else sprang an. Mit einer Punktlandung kamen wir am Standesamt an. Und alle bestaunten unser schönes Hochzeitsauto. Papa hatte ein Rallyeschild umgekehrt montiert und Herzchen draufgeklebt; Else war das schönste Hochzeitsauto der Welt.

Und natürlich fuhr Else uns auch zur Kirche am Tag nach der standesamtlichen Trauung. Papa saß am Steuer und ich versuchte, mit dem voluminösen Kleid auf dem Beifahrersitz Platz zu nehmen, nachdem ich mir noch schnell einen Obstler gegen die Aufregung einverleibt hatte.

Else fuhr uns zuverlässig hin und es wurde eine wundervolle Hochzeit.

Wir übernachteten im Hotel und fuhren am nächsten Tag mit unserem Kombi nach Hause. An diesem Tag lobte ich mir meinen Kombi, denn die Berge an Geschenken konnten wir (inkl. Stefans Großmutter und dem kleinen Felix) prima im Auto verstauen. Unseren Kombi lobte ich allerdings auch nur dieses eine Mal, ansonsten fand ich ihn pottenhässlich.

Flitze geht, Dieter kommt, das Audigetriebe hat ein Loch.

Den Kombi musste ich mir aus Vernunftgründen anschaffen; ich wollte niemals einen Kombi fahren und schon gar nicht in silber. Beides kam zusammen im Jahre 2010.

Nachdem Stefan seinen Firmenwagen nicht mehr hatte stand nur mein Flitze vor der Tür. Wir erwarteten ein

Baby und wir dachten, dass es schlecht sei, die Baby-
schale in ein tiefergelegtes Auto mit Hosenträgergurten
und nur zwei Türen zu bugsieren. Wir kauften uns als
Familienauto einen Audi A3 und Stefan (mein Mann)
sollte mit meinem Flitze den täglichen Weg zur Arbeit
antreten. Ich sollte den A3 fahren. Soweit die Theorie.
Das ging im Winter, als das Baby dann da war, auch
ganz gut, bis ich im Sommer merkte, dass der A3 ohne
Klimaanlage für mich und ein Baby nicht geeignet ist.
Am Rande sei bemerkt, dass unser A3 zwischenzeitlich
einen kapitalen Getriebeschaden hatte; ein faustgroßes
Loch war hier zu bestaunen. Mitten beim Fahren machte es „gnuckgnuck" und ich konnte irgendwie nicht
mehr so richtig schalten. Wir juckelten auf Sparflamme
nach Hause und riefen den ADAC. Der sagte, dass der
Wagen in die Werkstatt geschleppt werden müsse. Also
rief ich am kommenden Tag bei VW an, denn hier hatten wir den Wagen vor 6,5 Monaten gekauft. Wir bekamen ein neues Getriebe und nach einem längeren
Rechtsstreit bekamen wir auch einen Großteil unserer
Zuzahlung ersetzt.

*Merke! Niemals sagen, dass man eine Reparatur des Schadens
wünscht. Vor Gericht ist das dann nämlich ein ganz anderer*

Sachverhalt, als wenn man sagt, dass man den Anspruch auf Sachmängelhaftung geltend machen will. Woher man das als Laie wissen soll, ist mir schleierhaft. Aber genau das habe ich bei der Getriebeaktion gelernt.

Es ist sehr ärgerlich, wenn drei Wochen nach dem Zeitpunkt der Beweisumkehr der Wagen verreckt. Aber auch der Getriebeschaden hatte etwas Gutes: Wir kennen nun die Unterschiede zwischen Garantie und Gewährleistung, wir wissen was eine Beweisumkehr ist und wir wissen, dass Audi auch nicht so kulant ist, wie wir gehofft hatten.

Aber nun gut, ich war beim Kombi stehengeblieben. Ich nahm aus gesundheitlichen Gründen mittlerweile Medikamente, die mir regelmäßig Hitzewallungen bescherten. Ich schwitzte wie blöd und der Kinderwagen ließ sich auch nur unter Anwendung von roher Gewalt im Kofferraum verstauen. Da konnte ich jedes Mal ausflippen. Ich überlegte mir also, dass es das Beste sei, wenn ich mich von Flitze trenne, Stefan den A3 nimmt und ich mir einen Kombi kaufe. Für einen Tuningfan klingt es sehr paradox, sich einen Kombi zu kaufen, aber es war in dieser Situation das Praktischste. Ich tat mich wirklich schwer mit dieser Entscheidung, aber es war das Vernünftigste.

Ich verkaufte Flitze und mir kullerten die Tränen, als er vom Hof fuhr. Besonders schmerzte mich der Satz: „...die Felgen sind sowieso das Erste, was runterkommt". Meine weißen OZ Racing Felgen! Für mich unverständlich. Es zerriss mir innerlich fast mein kleines, sensibles Schrauberherz...

Ich stand nun ohne Auto da, hatte das Geld in der Hand und fühlte mich ganz schrecklich. „Mein armer Flitze", dachte ich „hoffentlich behandelt man dich gut". Ich machte mich dann schweren Herzens auf die Suche nach einem Kombi. Nach längerer Suche hatte ich ein halbwegs passendes Auto gefunden: Einen silbernen Golf IV Variant. Keine Schönheit, aber zweckmäßig. Wenigstens ein deutscher Golf; es hätte ja auch noch schlimmer kommen können. Und mir war klar: Wenn ich keinen Kinderwagen mehr mitnehmen muss, dann möchte ich wieder ein richtiges Auto haben. Der Händler, bei dem ich das Auto kaufte, war genauso doof wie das Auto selbst: der ganze Laden sah aus wie ein kitschiger Freizeitpark; überall standen Gartenzwerge und ab und zu huschte einem ein Huhn vor den Kühler, wenn man auf den Hof fuhr. Die Geranien und die

Plastik-Holz-Deko nicht zu vergessen.

Da mir bei der Zulassung nach dem DEL ein DT zuge-
teilt wurde, nannte ich ihn spontan Dieter. Ich hoffte
insgeheim, dass ich durch einen persönlichen Namen
eventuell eine Beziehung aufbauen könne. Um Dieter
etwas aufzupimpen, verpasste ich ihm eine matt-
schwarze Folienbeklebung an den Seiten, die einem
Graffiti glich. Und alle Leute jenseits der 50 fragten
mich: „Oh, das ist aber ärgerlich, dass man Ihr Auto so
beschmiert hat. Waren Sie schon bei der Polizei?"

Auch ließ ich bei Dieter die Scheiben tönen, aber schön
wurde er nie. Genauso doof wie das Autohaus war auch
der Wagen. Und genauso doof wie der Name, war auch
das Auto. Aber ich versuchte mir die ganze Sache schön
zu reden und appellierte immer an meine Vernunft.
(Mutter→ Kind → Kinderwagen → Kombi)

Zweckmäßig eben. Bei Dieter fingen die Probleme
ziemlich früh an. Obwohl er vom Händler war, neu
getüvt war und eine neue Batterie hatte, sprang er regelmäßig nicht an. Der Händler versicherte mir, dass es
wohl nur an meinem nachträglich eingebauten Radio
läge, aber Pustekuchen. Dieter war also mehr in der

Werkstatt als bei uns auf dem Parkplatz. Immer nach 20 Stunden war die Batterie leer. In unserem Ostseeurlaub war es dann soweit: bei Dieter ging in Sachen Elektrik nichts mehr und wir ließen uns (dank der Sachmängelhaftung des Händlers, mit der ich mich ja nun bestens auskannte dank des A3) zur nächstgelegenen VW Werkstatt schleppen. Wir bekamen als Leihwagen einen flotten „normalen" Golf und Dieter wurde mal so richtig durchgemessen. Am Ende des Urlaubs war Dieter dann wieder flott; wie sich einfacherweise herausstellte, war es nur die Lichtmaschine. Ich konnte nur mit dem Kopf schütteln, dass darauf vorher niemand gekommen war. Interessant war allerdings der Blick in den Computer der Werkstatt: Hier gab es eine Historie über Dieter zu lesen, die abendfüllende Themen geliefert hätte. Jetzt wurde mir auch der Grund klar, warum der Vorbesitzer sich anscheinend von Dieter getrennt hatte. Seit x Jahren wurde hier herumgedoktert, weil Dieter eigentlich so gut wie nie problemlos lief. Ich finde es ziemlich unverständlich, dass man heutzutage nicht mehr in der Lage ist, mit technischem Verstand solch einem Problem auf die Schliche zu kommen. Können die Werkstätten heutzutage nichts mehr vernünftig durchmessen und dabei ihr in der Ausbildung angeeignetes Wissen nutzen? Es wird nur der Diagnosestecker reingestöpselt und wenn der Stecker nichts ausspuckt, dann ist eben alles ok und der Kunde wird wieder nach Hause geschickt. Mich ärgert sowas.

Naja, wir hatten Glück, dass die Werkstatt in der Lage war, den Fehler zu eliminieren und Dieter fuhr nun einwandfrei.

Irgendwann kam der ersehnte Tag, an dem ich beschloss, dass Dieters Zeit gekommen war. Mittlerweile lief er ja sauber und ich brauchte nur noch einen kleinen Buggy mitzunehmen. Zeit also für ein neues Auto. Yeah, darauf hatte ich gewartet.

Ich versteigerte Dieter und machte dabei natürlich Verlust, wenn man sich den Kaufpreis beim Händler mal ins Gedächtnis rief. Aber das störte mich nicht sonderlich, denn ich wollte ja endlich wieder Auto fahren und keinen silbernen Kombi. Der Käufer kam pünktlich und ich war froh, dass ich nicht allein zu Hause war. Zwei bullige Typen mit Motorradkutten der Hells Angels standen also in unserem Wohnzimmer und wedelten mit der Kohle. Die waren sowas von nett, ich hätte sie fast noch auf einen Kaffee eingeladen. Bereitwillig zählte ich die Scheine und händigte Schlüssel und Papiere aus. Und dann fuhr Dieter vom Hof und ich köpfte erst einmal eine Flasche Sekt.

Porni, 520D

Nach all dieser Verkaufseuphorie wurde mir klar, dass ich jetzt gerade keinen fahrbaren Untersatz mehr hatte. Praktischerweise war ich noch in Elternzeit und musste nicht zur Arbeit. Allerdings ist es ohne Auto auch schwer, wenn man sich im Umkreis andere Autos ansehen will.

Eines Abends, Papa hatte mir mal wieder netterweise sein Auto geliehen, fuhr ich beim BMW Händler auf den Hof. Es war fast dunkel und es regnete. Ich dachte mir: „Eigentlich brauchst du hier gar nicht zu gucken, das ist finanziell eine andere Liga." Ich parkte auf dem Kundenparkplatz, neben einem 5er BMW, und dachte mir innerlich, dass das genau MEIN Auto sei. Aber ich vertiefte den Gedanken nicht, weil dieser Wagen ja angemeldet war, kein Schild drin hing und wahrscheinlich einem Kunden gehörte. Aber da Fragen ja bekanntlich nichts kostet, fragte ich einfach mal: „'Tschuldigung, ich suche einen BMW, vielleicht so um die 10 Jahre alt, gern vom Rentner. Vielleicht habe ich ja Glück und es hat jemand so etwas bei Ihnen kürzlich in Zahlung gegeben?" Der Verkäufer sagte: „Ja, in der Tat! Gerade vor zwei Stunden hat ein älterer Herr seinen Wagen hier abgegeben, weil er sich bei uns ein neues Auto gekauft hat." Er ging mit mir auf den Hof und drückte auf den Schlüssel. Und da passierte das Unglaubliche: Mein Parkplatz-Nachbar-BMW öffnete sich und Licht ging im Fahrgastraum an. „Äh? Der ist zu verkaufen? Ich dachte der parkt hier?!", stotterte ich. „Ja, der ist noch nicht abgemeldet; er ist ja gerade erst vor zwei Stunden angenommen worden. Wir haben ihn noch nicht mal saubergemacht.", sagte der Verkäufer. Wir setzten uns rein und ich wusste, dass ich dieses Fahrzeug kaufen wollte. Überall lagen Nüsse und Knabberkram und der Verkäufer bot mir Nüsse an. „Wo liegen wir denn wohl preislich?", fragte ich zögerlich. Der Verkäufer sagte, dass er das noch nicht wisse und dass es wohl ca. vier- bis fünftausend Euro sein würden. „Oh, wie geil", platzte es aus mir heraus. Ich versprach, dass ich am nächsten Tag wiederkommen würde zwecks Probefahrt. Kaum vom Hof gefahren, rief ich Papa an. Fast hyperventilierend erklärte ich ihm, dass er am nächsten Tag mit mir eine Probefahrt machen müsse. Gesagt, getan, wir saßen am nächsten Tag also in diesem potenten 5er BMW, Diesel, mit Partikelfilter. Somit hatte er auch eine grüne Plakette und es stand einem Kauf eigentlich nichts im Weg. Schnell noch den Preis gedrückt und ich kaufte ihn. Ich sollte ihn in den nächsten Tagen anmelden und abholen.

Ich bezahlte gleich bar; somit war schon mal das Geld von den Rockern wieder in Umlauf gebracht. Wer weiß, wo es herkam. Ich kaufte den Wagen selbstverständlich als unfallfrei und fuhr in höchster Glückseligkeit nach Hause.

Die Glückseligkeit äußert sich bei mir auch manchmal darin, dass man morgens bei Sonnenaufgang über den Deich fährt, passende Musik hört und einem die Tränen kommen, weil man einfach ein unbeschreibliches Gefühl hat. Die meisten können das nicht nachvollziehen, aber ich erinnere mich an eine Szene aus „Manta Manta", in der genau dieses auch ähnlich beschrieben wird. Ich gehöre zu den Personen, die morgens bei Sonnenaufgang auf dem schönsten Arbeitsweg der Welt der Sonne entgegen hinter dem Deich über's Land fahren und Tränen in den Augen haben, weil es so ein geiles Gefühl ist Auto zu fahren. Das geht nicht mit jedem Auto. Es geht nur mit dem passenden fahrbaren Untersatz, der bullig und potent am Gas hängen muss mit dem passenden Sound. Ich weiß, das klingt skurril aber ich empfinde so.

In den nächsten Tagen fiel mir am Porni (so nannte ich ihn liebevoll) auf, dass der komplette Schweller zerknautscht war. Das erkannte man jedoch nur, wenn man in Augenhöhe mit dem Schweller war, was ja eher selten der Fall ist. Ich meldete mich beim Händler und machte meinem Unmut Luft. Der Verkäufer versprach mir, sich um die Angelegenheit zu kümmern. Dann war Funkstille.

Nachdem sich die BMW Niederlassung quer stellte, hier irgendwas zu unternehmen, schaltete ich einen Anwalt ein. Wenigstens Minderung wollte ich geltend machen. Das Auto an sich war superklasse, nur eben nicht als Unfallwagen zu diesem Preis. BMW stellte sich stur.

Als dann noch die Klimaautomatik bei 30°C verreckte und ich mich auf meine Sachmängelhaftung berief, da stellte sich BMW von stur auf sehr stur.

An einem Samstagmittag riss mir dann die Hutschnur und ich rief den Chef der Niederlassung persönlich an. „Wissen Sie was, Herr M., ich stelle Ihnen den Wagen wieder auf den Hof, ich habe keinen Nerv auf solche Geschichten", schnauzte ich ihn an. Ich fuhr mit Papa also wieder zum Händler und wollte Auto gegen Geld tauschen. „Ja, da wollen wir mal erst einmal die Kilometer abziehen....", sagte Herr M.. Darauf war ich mental vorbereitet und schluckte dieses Vorgehen also. Als er dann aber anfing, mir kleinere Kratzer in die Schuhe zu schieben, die zum Kaufzeitpunkt auch schon am Wagen waren, da drohte die Situation fast zu eskalieren. Papa und ich flippten fast aus, Herr M. setzte nur sein schmieriges Grinsen auf. „Hier, ich gebe Ihnen viertausend Euro. Entweder Sie nehmen es oder Sie können den Wagen wieder mitnehmen", sagte er in herablassender Tonlage. Tja, was blieb mir da anderes übrig. Er saß leider am längeren Hebel und ich wollte nicht mit einem Unfallwagen mit kaputter Klimaautomatik durch die Gegend fahren. Und auf einen jahrelangen Rechtsstreit wollte ich mich nicht einlassen, denn ich brauchte ja nun mal das Geld um mir ein anderes Auto zu kaufen. Ich entschied mich also für's Geld und zischte wutschnaubend ab. Im Nachhinein habe ich eigentlich noch Glück gehabt, denn er hätte mir eh keine Gewährleistung gewähren müssen, da ich einen Gewerbeschein besitze und somit als offizielle Gewerbetreibende angesehen werde und dadurch keinen Anspruch auf Sachmängelhaftung hätte.

Es war wirklich schade um das Auto. Aber es sollte wohl nicht sein.

Ich erinnere mich heute noch mit einem Schmunzeln daran, wie ich eines Abends mit Felix im Drive Inn war und wir auf dem Parkplatz unsere Pommes essen wollten. Ich setzte mich zu Felix nach hinten auf die Rückbank und wir machten es uns gemütlich. Leider hatte ich nicht bedacht, dass an beiden Seiten die Kindersicherungen in den Türen aktiviert waren, so dass ich akrobatische Höchstleistungen bringen musste, damit ich irgendwie aus der Situation bzw. aus dem Auto herauskam. Die Jungs neben uns im Auto hatten gut was zu lachen. Auf diesem Parkplatz passierte schon so einiges, worüber man im Nachhinein schmunzeln kann. Ich war auch in der Vergangenheit mit Papa mal dort und beim Bestellen (der Polo hatte keine elektrischen Fensterheber) brach die Fensterkurbel ab und die Scheibe ging nicht runter. Ja, auf dem Parkplatz des Schnellrestaurants mit dem gelben Buchstaben hatte ich schon viel Zeit verbracht während der Hochphase meines Autoticks. Aber mittlerweile war ich Mutter und „alt" und fuhr nicht mehr zum Herumprollen dort hin ;-)

#

Er war so toll. Bis auf den Schweller.

Der Reinfall

Orientalisches Autokaufen – ohne Vorurteile ins Verderben

Ich war ziemlich traurig als der BMW nicht mehr vor unserer Tür stand. Es machte so einen Spaß, mit ihm durch die Gegend zu gurken. Und potent war er außerdem. Schnell, groß, schwarz. Ich ärgere mich jetzt noch, dass ich bei ihm die Scheiben hatte tönen lassen; das war rausgeschmissenes Geld.

Ich hatte nun wieder Geld verpulvert; mein Mann nannte mich mittlerweile Geldvernichtungsmaschine (tut er auch immer noch), und ich hatte kein Auto mehr. Und traurig war ich obendrein.

Ich fing also wieder an, das perfekte Auto für mich zu finden. Unser Sohn Felix weinte, als ich ihm sagte, dass ich den BMW wieder abgegeben hatte. In diesem Moment wurde mir bewusst, dass er meinen Autotick wohl geerbt haben muss. Denn welcher 3-Jährige weint, wenn Mama ihr Auto weggibt?

Ich wollte unbedingt wieder einen BMW haben, was dazu führte, dass ich bei einem Autohändler mit Migrationshintergrund landete. Ich dachte mir: „Ach, wirf deine deutsche Spießigkeit mal über Bord, es gibt sicherlich auch seriöse Händler im Ghetto von Bremen." Ich verguckte mich in einen 3er BMW, Sechszylinder mit allem Schnickschnack. Wieder nahm ich Papa mit und wieder nahmen wir unsere gewohnten Probefahrtplätze ein. Und wieder guckten wir nach der Probefahrt unter das Auto. Und wir dachten: „Super, den kann man wohl, ohne größere Probleme zu erwarten, kaufen." Am nächsten Tag packte ich also die Kohle auf den Tisch und ich bekam als Kaufvertrag eine handschriftliche Quittung auf einem kleinen Notizzettel. Eigentlich war das schon etwas merkwürdig, aber der Verkäufer erklärte in gebrochenem Deutsch, dass er nur „Vermittler" sei.

(Merke: Wenn man nämlich nur „Vermittler" ist, dann braucht man dem Kunden auch keine Gewährleistung zu geben, wozu man sonst gesetzlich verpflichtet wäre. Im Falle eines Streits vor Gericht, ist die „Vermittlertätigeit" allerdings eher fragwürdig....)

Er sagte, dass der Vorbesitzer leider den TÜV Bericht verloren hätte, aber man ja anhand des DEKRA Stempels im Fahrzeugschein sehen könne, dass er TÜV hat. Freundlicherweise sagte er mir noch: „Ist keine Problem auf Zulassungsstelle. Sehen DEKRA Stempel und ist ok. Wenn nicht ok, dann zur Not wir können machen Kauf rückgängig. Aber normalerweise ist keine Problem."

Ich zahlte also, nahm die Papiere und ging zur Zulassungsstelle. Mein Plan war, dann mit Nummernschildern wiederzukommen und nach Hause zu fahren. Auf der Zulassungsstelle gestaltete sich das Ganze aber schwieriger als gedacht. Man sagte mir, dass ich eine Kopie des DEKRA-Berichtes benötigen würde. Das hatte ich mir schon gedacht und meinte: „Kein Problem. Da fahre ich schnell hin und besorge eine Kopie." „Bin gleich wieder da!", sagte ich fröhlich zur Sachbearbeiterin und machte mich auf den Weg zur DEKRA.

In bester Laune erzählte ich dem DEKRA-Mann von meinem gekauften Schnäppchen und dass der Wagen auch nur 130 TKM gelaufen habe. Die Kopie kam aus dem Drucker und der freundliche Mitarbeiter fragte:

„Wie viel soll der gelaufen haben? 130 TKM?". Ich bejahte das und lächelte. „Oha, das kann aber nicht angehen. Bereits vor 1,5 Jahren, bei der letzten Hauptuntersuchung, hatte das Auto schon 270 TKM auf der Uhr", sagte der Mann verdutzt. „Ach du große Scheiße!", platzte es aus mir heraus.

„Dann sehen Sie mal zu, dass Sie irgendwie Ihr Geld wiederbekommen und gehen Sie da bloß nicht allein hin", riet mir der gute DEKRA-Mann und machte dabei eine Handbewegung, als würde er die Kehle durchgeschnitten kriegen. „Und sagen Sie auf keinen Fall, dass Sie den richtigen KM-Stand kennen!", fügte er mahnend hinzu.

Mir schoss durch den Kopf, dass mein Geld wohl jetzt weg sei. Was sollte ich nur machen? Mein schönes Geld! 4000 Euro! Ich rief den Verkäufer an und sagte, dass ich den Wagen ohne TÜV-Bericht leider nicht zugelassen bekomme und dass wir den Kauf rückgängig machen müssen. „Alter, kommst du her dann klären wir das", schnauzte er durch's Telefon. So freundlich wie zu Anfang war er nicht mehr. Ich fuhr heulend nach Hause und war vollkommen aufgelöst. Mein schönes Geld!

Sollte ich vielleicht zur Polizei fahren und einen Zivilpolizisten mitnehmen? Blöderweise hatte er aber das Kennzeichen von Papas Auto, mit dem ich all diese Erledigungen machte. Deshalb war es mir etwas zu unsicher, hier jetzt „so ein riesen Fass" aufzumachen. Wer weiß, wozu der Typ fähig wäre? Meine Fantasie brannte durch mit mir…

Ich fuhr zu meiner Freundin Anja und wir weckten ihren Freund, der mehrere Jahre als Franzose in der Fremdenlegion gedient hatte. „Ich muss mir Michel ausleihen bitte!", sagte ich ihr aufgeregt. Fünf Minuten später saßen Anja, ihr Kaffeebesuch und Michel mit einer Machete bei mir im Auto und wir fuhren wieder nach Bremen. Als wir auf den Hof fuhren, sahen wir dort 5 Männer sitzen; alle wohl mit demselben Migrationslevel. Ich war froh, dass ich nicht allein beim „Autovermittler" aufkreuzte. Ich spielte das blonde Dummchen, das den Wagen ohne Bericht der Hauptuntersuchung nicht zugelassen bekommt. Ich war immer kurz davor zu sagen: „Pass auf, entweder gibst du mir mein Geld oder wir rufen die Polizei und dann schauen die sich mal deinen Tacho an." Das verkniff ich mir aber, denn ich befürchtete, dass ich dann wahrscheinlich ein Messer im Rücken hätte.

Und dann passierte das Unfassbare: Er holte mein Geld aus seiner Tasche und gab es mir. Hundert Euro wollte er von mir haben; für seinen Aufwand, da er ja nun das Fahrzeug wieder inserieren müsse. Natürlich hat er die hundert Euro nicht von mir bekommen. Ich bedankte mich freundlich bei ihm für seine kulante Art und versprach, ihn gern weiterzuempfehlen, damit wir unversehrt seinen Hof verlassen konnten. Innerlich kochte ich und ich hätte auch nachträglich gern noch Anzeige erstattet. Aber da der gute „Autovermittler" meine Telefonnummer und Papas Kennzeichen hatte, ließ ich das lieber bleiben. Nun wird sich jemand anderes wahrscheinlich erst am Auto erfreuen und dann den gedrehten Tacho bemerken.

Der A4

Wer gut schmiert, der gut fährt.

Immer noch ohne Auto schwor ich mir: Kein Auto vom Straßenhändler. Und -es mag jetzt rassistisch klingen- kein Auto mit Migrationshintergrund.

Eines Abends landete ich beim Autohaus Beckmann; es machte einen seriösen Eindruck und es hatte einen schönen A4 im Salon stehen. Der A4 kostete das Doppelte von dem, was ich ausgeben wollte. Ich sagte zu Stefan: „Das wär' doch mal ein Auto, oder?" Stefan war auch ganz Feuer und Flamme und wir fuhren einige

Tage später mit der kompletten „Belegschaft" hin: Stefan, Papa, der kleine Felix und meine Wenigkeit. Alle waren sehr angetan von dem Audi, er hatte neuen TÜV, einen neuen Zahnriemen und der Verkäufer wollte ihn auch praktischerweise gleich für mich anmelden. Keine 100 TKM gelaufen und mit einem Satz Winterrädern. Colorverglasung, Bordcomputer, Sitzheizung, Klimaautomatik. Rundum Vollausstattung und ein sehr seriöses Fahrzeug. Ok, er war silber, aber bei diesem Modell war das ok.

Ich handelte den Preis noch ein klein wenig runter und schlug zu. Somit war ich nun im Besitz eines Audi A4, 2.0l. Ich freute mich zu dem Auto, schaute allerdings mit etwas Sehnsucht anderen Autos hinterher. Von Anfang an war der Audi eine Art Vernunftehe. Alles seriös, aber ohne Sexappeal. Nach einigen Kilometern leuchtete die Ölanzeige, die meine Dauerbekanntschaft werden sollte, wovon ich jedoch noch nichts ahnte. Ich füllte also großzügig Öl nach und machte mir keine weiteren Gedanken. Nachdem ich dieses aber alle 500 KM tat, machte mich das langsam stutzig und ich fuhr zum Händler. Wo blieb nur das ganze Öl? Der Händler war freundlich und tauschte kulanter Weise gleich mal die Ventil-Schaftdichtungen. Ich fuhr wieder und füllte wieder Öl nach. Er tauschte die Kopfdichtung. Ich fuhr wieder und füllte wieder Öl nach. Er tauschte die Ölab-streifringe *(Technisches Hintergrundwissen: Hierzu muss der Motor zerlegt werden um die Kurbelwelle samt Kolben nach unten ausbauen zu können.)* Ich fuhr wieder und füllte wieder Öl nach. So ging es unzählige Male. Bis er dann schließlich den kompletten Motor tauschte, denn an Dichtungen gab es nichts mehr zu tauschen. Er tauschte also den Motor. Ich war schon vollkommen genervt und bekam jedes Mal Schaudergefühle, wenn die Öllampe piepte und leuchtete. Ich war eigentlich schon kurz davor, den Wagen zu verkaufen, aber ich dachte, dass ich ihm noch eine Chance mit neuem Motor geben sollte. Bekanntlich erhöht ja auch eine Austauschmaschine nicht gerade den Verkaufspreis und somit machte ich weiter mit dieser Vernunftehe, auch wenn unsere Beziehung (die von Anfang an keine heiße Liebe war) bröckelte.

Eines Tages kam mir morgens ein LKW aus der Kies-
grube entgegen, der einen kleinen Stein verlor. Der Stein
schlug auf meine Windschutzscheibe und ich hatte eine
Art Einschussloch auf der Scheibe. Der Steinschlag saß
direkt im Sichtfeld, sodass ich nun die Werkstatt meines
Vertrauens, besser gesagt die Werkstatt, die mir meine
Versicherung benannte, aufsuchen musste.

Ich benötigte eine neue Windschutzscheibe; es lebe die
Teilkasko. Ich fuhr also zum Glaser, ließ meinen Wagen
dort und machte mit Mama einen Bummel über den
Oldenburger Weihnachtsmarkt. Abends wollten wir den
Wagen wieder abholen und nach Hause fahren. Wir

mussten etwas auf die Uhr gucken, denn ich musste den kleinen Felix, der bei seinen Großeltern in Bremen Vegesack untergebracht war, von der Fähre abholen. „Ihr Auto ist fertig, ich hole nur just den Schlüssel", säuselte Herr Stachel mit geschäftiger Stimme. Wir warteten. Wir warteten lange. Wir warteten sehr lange. Wir warteten schließlich so lange, dass ich Papa anrief und ihn bat, den kleinen Felix an der Fähre abzuholen. Dass ich es von Oldenburg nach Lemwerder in dieser Rekordzeit schaffen würde, war unrealistisch. Herr Stachel wühlte immer noch in seinen Taschen, er schaute in den Mülleimer, er schnaufte und er stöhnte. Und wir? Ja, wir warteten immer noch.

Ich wurde etwas ungehalten und schlug Herrn Stachel vor, dass er in Ruhe weitersuchen könne und mir einen Leihwagen organisieren solle.

Alle Leihwagenstationen hatten leider bereits geschlossen so dass ich letztendlich im Auto von Herrn Stachel saß und nach Hause fuhr. Dass sein Wagen bei minus 10° C keine Winterräder drauf hatte, ahnte ich schon irgendwie. Meine Ahnung war richtig. Ich musste also mit äußerster Vorsicht fahren; Heckantrieb mit Sommerreifen bei Glatteis ist nicht jedermanns Sache. Ich fragte mich die nächsten Tage, wie man so paddelig sein kann, dass man das Schlüsselbund der Kundin verbaselt. Es war nicht nur mein Autoschlüssel, es waren auch Haustürschlüssel und ein kleines rosa Schweizer Taschenmesser dran. Und nicht zu vergessen: Mein Werder Bremen Einkaufswagenchip. Die Tage vergingen, ich fuhr in Herrn Stachels Auto (welches netterweise mal wieder ein BMW war) und der Schlüssel schien sich nicht wieder anzufinden. Herr Stachel musste also Ersatz beschaffen. Ich hatte mittlerweile meinen Audi mit meinem Zweitschlüssel abgeholt und nach einigen Tagen traf ich mich mit Herrn Stachel im Audizentrum, damit hier mein neuer Schlüssel codiert werden konnte. Irgendwie zog der Audiwagen das Unheil an. Nachdem ich nun einen neuen Schlüssel und einen neuen Motor hatte, sollte eigentlich alles wie geschmiert laufen, im wahrsten Sinne des Wortes. Tat es auch kurzzeitig. Der Ölverbrauch lag zwar mit 1l auf 1500 KM im Rahmen, aber Vertrauen hatte ich keines mehr zum Audi. Aber ich versuchte, irgendwie eine Beziehung zu ihm herzustellen.

Aber die Beziehung konnte sich nicht entwickeln, denn der Wagen fing an zu quietschen. Bei jedem 30er Hügel quietschte es wie das Bett in einem billigen Stundenhotel. Beim ADAC ließ ich zu diesem Zeitpunkt einen Gebrauchtwagencheck machen; einfach mal so, um den Motor durchmessen zu lassen und zu erfahren, ob nun wohl auch wirklich alles ok sei, solange ich mich noch in der Gewährleistungsphase des Händlers befand. Das Quietschen basierte auf einer eingerissenen Manschette im Radkasten; ich fuhr also zum Händler mit der Bitte, das Quietschen durch Austausch der Manschette zu beseitigen. Als ich den Wagen abholte, da strahlte der Meister und sagte stolz: „Das Quietschen ist weg, junge Frau. Ich haben Ihnen spontan mal auf jeder Seite einen neuen Querlenker eingebaut." Innerlich dachte ich mir, dass es mir nun auch scheißegal sei, Hauptsache das fiese Geräusch war weg. Ich fuhr also vom Hof und beim ersten Lenkradeinschlag war es wieder da. Es schauderte mich und es lief mir kalt den Rücken herunter. Ich machte also wieder auf der Stelle kehrt und sagte, dass das Quietschen noch da sei. „Ah, kein Problem, das haben wir gleich", bekam ich als Antwort. „Ihr Wort in Gottes Ohr", stöhnte ich genervt.

Prompt legten sich zwei Männer unter mein Auto und fingen an, irgendwas fest- und los zu schrauben. Es dauerte ewig. Ich hatte mittlerweile ein Brötchen gegessen und einen Kaffee getrunken. Den Plan, Felix um halb zwei aus dem Kindergarten abzuholen, konnte ich verwerfen. Wie gut, wenn man einen Ganztagsplatz hat. Gerade in solchen Situationen ist das von Vorteil. Irgendwann -mein Audi war mittlerweile auf der Hebebühne und die Männer standen unter'm Auto- sagte der Meister erleichtert: „So, das war's. Die Motoraufhängung hatte Verspannung." Innerlich hoffte ich, dass der Motor jetzt auch noch richtig festgeschraubt war. Beim Austausch des Selbigen hatte man damals nämlich vergessen, eine dicke Schraube zu montieren, die Motor und Getriebegehäuse verbindet. Nachdem damals die Schraube vergessen wurde und ich dies reklamierte, hatte ich beim Fahren immer Angst, dass irgendwas passieren würde.

Aber nun schien alles gut zu sein. Das Quietschen war weg, die Motoraufhängung schien nun entspannt zu sein und ich hoffte, dass ich nun freie Fahrt haben würde. Im Gegensatz zur Aufhängung war ich nicht mehr so entspannt.

Es war einen Tag nach den Weihnachtsfeiertagen und wir wollten Stefans Großmutter besuchen. Entspannt die Sitzheizung an, Kind schlafend im Kindersitz auf der Rücksitzbank. Gute Musik im Radio und entspannte 180 km/h. So schön kann ein Nachmittag mit der Familie sein. Bis ich mich plötzlich in Lowrider-Zeiten zurückkatapultiert fühlte, weil der Audi plötzlich komisch ruckelte und kein Gas mehr annahm. Ich fuhr rechts ran und machte den Wagen aus. Ich fuhr keine 180 mehr, ich war nun innerlich auf 180. Nach ein paar Minuten startete ich den Wagen wieder und versuchte, die Fahrt fortzusetzen. Weiterfahren ging. Allerdings nur auf Notprogramm. Ich ruckelte bis zur nächsten Abfahrt um die Kiste erst einmal von der Autobahn runterzufahren. Wenn ich Vollgas gab, dann kamen wir auf -sage und schreibe- 40 km/h. Ich steuerte die nächste Parkmöglichkeit an und kramte nach meiner ADAC-Karte. Oma wurde abgesagt und Herrn Beckmann rief ich auch an. Der sollte gleich wissen, dass ich auf 180 war und dass ich gleich bei ihm aufschlagen würde. Der ADAC kam und mein Audi wurde auf den Abschleppwagen gezogen. Felix war mittlerweile wach und weinte, weil die Fahrt und unser Ausflug nun so abrupt ein Ende nahmen.

Kurze Zeit später saßen wir zu dritt im Abschleppwagen und besprachen, wo die Fahrt nun hingehen sollte. Lt. Richtlinien des ADAC am besten zum Audi Zentrum, was ganz in der Nähe war. Nach meinen eigenen Richtlinien hätte ich es mir gewünscht, wenn mich der AD-AC Wagen direkt zu Herrn Beckmann schleppen würde. Und mein Wunsch wurde erfüllt: Mit beiden Augen zugedrückt schleppte mich der ADAC auf direktem Wege von Oldenburg nach Bremen zu meinem Freund, Herrn Beckmann. Felix wusste mittlerweile, dass es bei Herrn Beckmann bei jeder Reparatur leckere Lutscher gab und somit entwickelte er nach dem Weinen doch noch etwas Vorfreude.

Kurz vor Feierabend kamen wir bei klirrender Kälte im Dunkeln bei Beckmann an. Dieser sagte: „Ach, Frau Röben, deshalb sind Sie so in Rage? Da hat sich sicherlich nur ein kleines Partikelchen vor den Zylinder gesetzt. Kein Grund zur Sorge." Ein Leihwagen konnte mir diesmal nicht gestellt werden, da ich ja nun ohne Vorwarnung und zwischen den Feiertagen in der Werkstatt eintrudelte.

Ein befreundetes Pärchen, was ganz in der Nähe wohnte, holte uns ab und fuhr uns heim. Wie gut, wenn man solche Freunde hat.

Ein paar Tage später holte ich meinen Audi wieder ab. Einen Namen hatte dieses Fahrzeug nicht. Wir nannten ihn immer beim Nummernschild. Wenn ich einen guten Tag mit ihm hatte, dann kam es vor, dass ich ihn BC12 nannte, ansonsten war er einfach „der Audi". Auf dem Heimweg stellte ich ein komisches Rasseln fest. Als wenn die Hydrostößel klapperten. Meine Freundin war der festen Meinung, dass ich mit der Zeit Paranoia entwickelt hätte; so fuhr ich mal in eine Werkstatt und lieh mir ein Ohr eines unvoreingenommenen Meisters um zu widerlegen, dass ich eine Paranoia habe.

„Klar klappert hier was. Wenn ich Sie wäre, dann hätte ich den Wagen nach der ganzen Historie schon längst verticklt", gab er mir als freundschaftlichen Ratschlag unter vier Augen. Ich fuhr also mal wieder in die Bremer Werkstatt und sagte, dass irgendwas klappert. Herr Beckmann sagte, dass er wohl einen großen Fehler gemacht hätte. Er hat den Kettenspanner netterweise ausgetauscht (wovon ich nichts wusste) und keine neue

Kette draufgespannt. Ganz entspannt und vollkommen entnervt sagte ich: „Gar kein Problem. Dann können Sie das ja auch noch machen." Innerlich machte ich Gehirnyoga, damit ich nicht ausflippte.

Und nach ein paar Tagen war es dann soweit: Ich hatte einen Audi A4, bei dem nun alles (bis auf die Manschette, die immer noch eingerissen war und beim Lenkradeinschlag knarschtschte) gemacht war. Nun konnte nichts mehr kaputtgehen. Und nun konnte ich auch mit bestem Gewissen dieses Auto verkaufen. Und das tat ich. Jawohl. Egal was Mama und Papa und mein Stefan mir rieten. Ich wollte diesen Wagen einfach nur noch loswerden. Denn immer, wenn irgendwo irgendwas laut war oder stank, dachte ich sofort, dass es sicherlich wieder mein Auto sei. Ich hatte absolut kein Vertrauen mehr zu dem Auto.

Mit 2500 Euro Verlust verkaufte ich (a.k.a. die Geldvernichtungsmaschine) meinen Audi. Ein junger Mann kaufte ihn. Ich verstehe bis heute nicht, wie man einen Gebrauchtwagen kaufen kann, wenn man nicht mal weiß, wo man gucken soll. Er guckte ins Innere des Fahrzeugs und sagte: „Schön." Wie ein geschäftiger

Verkäufer turnte ich ums Auto, riss Türen und Hauben auf und zeigte alle kaufrelevanten Stellen, auf die man achten muss. Ich zeigte stolz die Reserveradmulde, ich präsentierte den Öleinfüllstutzen (den ich ja nun sehr oft auf- und zugedreht hatte binnen der letzten Monate), ich führte meine Soundanlage vor und zum Schluss machten wir noch eine Probefahrt. Da dieser junge Mann der einzige Interessent war, musste ich all mein verkäuferisches Geschick an den Tag legen, damit er den Wagen mitnimmt.

Das tat er dann auch.

Als ich ein paar Wochen später eine Reha machte, da sah ich jeden Morgen BC12 vor dem Frühstückssaal die Straße herunterfahren. Meine Reha fand in dem Ort statt, wo Christian mit BC12 wohnte. Nach vier Wochen Reha habe ich das Fahrzeug dann zum Glück nie wieder gesehen.

Uschi, das M-Paket.
Mein Traum auf vier Rädern.

Wie viele Autos ich schon hatte, das wurde mir bewusst, als ich mir Uschi kaufte. Einen 3er BMW mit M-Paket in orientblau metallic.

Auch meinen Mitmenschen blieben meine Eskapaden nicht verborgen, was mir wieder bewusst wurde, als ich beim Scheibentöner anrief.

„Hallo, Röben hier, ich bräuchte mal einen Preis für meine Scheiben", sagte ich freundlich am Telefon. Antwort: „Ach du Scheiße, Sie schon wieder. Haben Sie etwa schon wieder ein anderes Auto?"

Naja, wie dem auch sei, ich habe einen Termin abgestimmt zum Scheibentönen. Das sieht a) besser aus und b) ist es immer Sommer wirklich praktischer, wenn man ein Kind hinten drin sitzen hat.

Ich hatte mich nämlich schon vor dem Audi-Verkauf in einen 3er verliebt. Durch Zufall sah ich diesen 3er im Netz und ich wusste: „Das ist mein Auto. Jawohl." Stefan belächelte mich und sagte, dass ich ihn mir erst einmal ansehen sollte. Natürlich sah ich ihn mir an. Und auch nach dem ersten Blick wusste ich: „Das ist mein Auto. Jawohl." Rentnerfahrzeug, 3er mit M-Paket. In meiner Lieblingsfarbe. TÜV neu und 1. Hand. Sportsitze, Klima, Alcantaraleder, dunkler Himmel. 17 Zoll Puschen mit 255er Bereifung. Sex auf Rädern für mich. Als der Verkäufer den Wagen anschmiss und das Auto aus der Tiefgarage mit seinem bulligen Sound rausfuhr, da bekam ich fast einen innerlichen Reichsparteitag. Es war fast wie damals in München. Bis auf den Makel, dass er ziemlich nach Zigarette stank war alles super. Eine Probefahrt lehnte ich ab, denn dann hätte ich wahrscheinlich vor Freude geweint und zu diesem Zeitpunkt musste ich den Audi ja noch loswerden. Ich fuhr also nach Hause und erzählte Stefan stolz von der Begegnung mit „meinem" Auto.

Aber zurück zum Verkauf des Audis.

Ich freute mich also, dass der junge Mann meinen Audi „schön" fand und wir machten eine Probefahrt. Auch bei der Testfahrt zeigte der junge Mann nicht viel Interaktion. Er saß verkrampft hinter'm Steuer und sagte: „Schön". Er fuhr weder rückwärts, noch fuhr er mal sportlich in die Kurve. Auch mal ein „Lenkrad-rechts-links" oder eine Vollbremsung machte er nicht. Naja, mir sollte es egal sein, wenn er ruhig fuhr, dann knartschte die gerissene Manschette wenigstens nicht. Bis auf die Manschette konnte ich den Wagen mit bestem Gewissen verkaufen. Auch die Historie offenbarte ich offen und ehrlich. Es störte ihn nicht und er kaufte meinen BC12.

Und was machte ich dann? Klar, ich traf mich mit dem Besitzer des BMW und fuhr zum Gebrauchtwagencheck in die BMW Niederlassung. Man lernt ja aus seinen Fehlern und so machte ich die Probefahrt direkt zu BMW auf die Hebebühne. Wir tranken Kaffee und ich hoffte innerlich, dass nichts Schlimmes mit dem Auto war. Man hat schließlich schon Pferde kotzen sehen. Und das vor der Apotheke. Dann endlich holte mich der Meister und wir standen unter'm Auto. Und dann sagte er das, was ich innerlich sehnlichst gehofft hatte: „Super, den Wagen können Sie ohne Bedenken kaufen." Dann schob er den Wagen noch durch die Waschanlage und saugte ihn aus und ich fuhr glückselig zum Verkäufer. Dieser hatte netterweise noch 950 Euro Reparaturkosten investiert, da der Motor lt. TÜV-Bericht

„ölfeucht" war. Und bei Öl bekomme ich ja erfahrungsgemäß Gänsehaut. Ich handelte noch ein wenig runter und packte dann die Kohle auf den Tisch. Ich hätte schreien können vor Freude. Das war mein Auto. Genau nach Wunsch. Weniger Schnickschnack als im Audi; keine Sitzheizung mehr und keinen Getränkehalter. Auch etwas weniger PS. Und auch etwas älter. Und kleiner. Und etwas mehr gelaufen. Aber dafür um ein Tausendfaches geiler, potenter und schicker. Und günstiger im Unterhalt war er außerdem. Und trotz weniger Hubraum und weniger PS wesentlich flotter im Anzug. Und es war von Anfang an eine Beziehung da. Liebe auf den ersten Blick sozusagen und keine Vernunftehe. Uschi bekam noch etwas Sound an Bord und alles war paletti.

Ich freue mich jeden Tag, wenn ich mit Uschi Love (so der vollständige Name) zur Arbeit fuhr und ich habe es keine Sekunde bereut, dass ich so viel Geld verpulvert hatte.

Und das Leckerli kam zum Schluss: Die Sommerräder guckte ich mir nicht weiter an. In meiner Euphorie war beim Kauf auch keine Zeit dafür. Ich fuhr auf Winterreifen und Alufelgen nach Hause und die Sommerpuschen lagen hinten im Auto. Und zu Hause traute ich meinen Augen kaum: Original M-Paket Felgen mit Reifen 245/40 ZR17, Geschwindigkeitsindex Y. „Alter Spalter", dachte ich „das sind ja mal vernünftige Puschen". Ich freute mich jetzt schon auf die Sommersaison mit Uschi.

Bevor die Sommersaison jedoch beginnen konnte, machte ich die Erfahrung, dass Reifen mit der Bezeichnung ZR17 ziemlich kostspielig sind. Zufälligerweise beim Reifenladen, ich wollte eigentlich Winterreifen kaufen, bat ich darum, mir doch gleich die Sommerräder zu demontieren. Dabei sagte der gute Reifenmann, dass die Sommerreifen genauso alt wie das Auto seien und er mich damit nicht mehr fahren lassen würde. In Anbetracht der Tatsache, dass ich immer ein kleines Kind dabei habe, gern schnell fahre und den Beginn der Saison nicht um einen Baum gewickelt starten wollte, sagte ich „ok, dann brauche ich eben neue. So schlimm teuer kann es ja nicht werden." „Schauen wir mal nach", sagte der Reifenhändler und fing an, meinen Fahrzeugschein zu studieren. Die Radgröße war eingetragen; das war schon mal gut. Allerdings war die Eintragung markengebunden und die Puschen kosteten über 600 Euro.

„Bitte was???“, starrte ich den Händler entsetzt an. „Sie können auch eine Marke nehmen, die hier nicht im Fahrzeugschein aufgeführt ist, aber das macht auch nur einen Unterschied von 50,- Euro.“ Nunja, ich entschied mich dann also für die eingetragenen Markenreifen und legte das Geld auf den Tisch. Futsch, schwuppdiwupp, somit waren mal eben über 600 Euro weg. Das war so eigentlich nicht geplant….

Ja, Uschi, sollte mich noch teuer zu stehen kommen, aber davon ahnte ich zu diesem Zeitpunkt noch nichts. Eigentlich freute ich mich, ehrlich gesagt, sogar ein wenig über die neuen Reifen auf den schicken M-Paket-Felgen. Wenn man schon Geld ausgeben muss, dann ist es eben besser, es für Reifen auszugeben als z.B. für eine defekte Waschmaschine. Ja, so beruhigte ich meine Nerven und freute mich tatsächlich über die Reifen.

Dieser bekloppte Name war auch wieder eine bekloppte Idee. Im Internet gab es ein Gadget, bei dem man sich anzeigen lassen kann, wie man als Pornodarsteller heißen würde. Und mein Vor- und Zuname wurde in U-schi Love umgewandelt. Naja, und so hieß das Auto eben Uschi Love, was auch hinten am Heck zu lesen ist.

War noch beim Audi mein Spruch auf der Heckklappe „Spaß kostet" und beim 5er BMW „Sweet Bitches, sexy Girl's Club" stand nun „Uschi Love" in klitzeklein hinten an der Kofferraumklappe.

Doch ich wäre nicht die vom Pech verfolgte Benzinmaus, wenn jetzt alles super gewesen wäre. Nein. Nach einem guten Jahr wollte ich mit meiner Freundin einen Ausflug nach Hamburg machen. Auf der Autobahn leuchtete dann plötzlich die Anzeige für das Kühlwasser und als ich auf einem Autohof vorsichtshalber mal anhielt, da spritzte und dampfte es wie ein türkischer Hamam (türkisches Dampfbad) gepaart mit Las-Vegas-

Wasserspielen. Zufälligerweise fuhr gerade ein ADAC-Wagen über den Parkplatz, den wir uns gleich schnappten.

Er füllte Wasser auf und riet uns, nicht mehr bis Hamburg zu fahren sondern den Ausflug abzubrechen. Diesen Rat befolgten wir. Am nächsten Tag brachte ich den Wagen zu einem Bekannten, der den Wagen wieder auf Vordermann bringen sollte.

Er tauschte den Thermostat und die Wasserpumpe und auch die Zylinderkopfdichtung. 800 Euro zahlte ich und war mir sicher, dass nun alles gut sei.

Aber war es nicht. Ein paar Tage später wollten wir mit den Kindern ins Kino und als ich den Wagen startete, da spritze überall das Wasser und mein Kind schrie: „Ich steige aus, der Wagen explodiert!!! Oh nein, wir können jetzt nicht zu Biene Maja!!!"

Ich rief also mit routinierter Stimme den ADAC (meine Mitgliedsnummer kannte ich mittlerweile auswendig) und ließ mich in die Werkstatt schleppen, in der Papa seit Urzeiten Kunde war.

Man tauschte den Thermostat und sagte, dass der Thermostat (der ja eigentlich erst gerade neu war) nicht geöffnet hätte.

Ich zahlte zähneknirschend die Rechnung von über 100 Euro und nahm den defekten Thermostat mit zu meinem Bekannten, damit er diesen bei seinem Lieferanten reklamieren konnte. Ich hoffte, dass ich damit den finanziellen Schaden etwas minimieren könne. Leider habe ich bis heute nix mehr von ihm gehört; der Thermostat war plötzlich verschollen. Das ärgert mich bis heute. Aber zurück zu den „Wasserspielen der Uschi Love" (könnte auch ein Titel für einen Erotikfilm sein).

Des Öfteren leuchtete mich nun die Kühlwasseranzeige an und ich füllte fürsorglich Kühlwasser nach. Oft füllte ich Kühlwasser nach. Zu oft. Ich hatte mir mittlerweile einen kleinen Notizblock zugelegt, in dem ich akribisch notierte, wann ich wie viel Wasser auffüllte. (Ich hatte im Führen von Notizzettelchen bereits Übung durch den A4.)

Oft war es im Kühlwasserbehälter auch knochentrocken; es war uns ein Rätsel, wo das Wasser bleibt. Die Befürchtung war, dass es vielleicht den Zylinderkopf getroffen hatte, was ich nicht hoffen wollte. Also fuhr ich erst einmal und behielt den Wasserverbrauch im Auge.

Als mir dann auf der Autobahn wieder so ein Wasser-malheur passierte und ich mal wieder im Abschleppwa-gen saß, dachte ich über mögliche Konsequenzen nach.

Diesmal war es anscheinend nur der Hauptschlauch, der plötzlich abgeplatzt sei. Ich ließ es in Ordnung bringen, zahlte wieder Geld, und fuhr normal weiter. Alle paar Tage füllte ich Wasser nach.

Wir dachten über einen Austauschmotor nach, denn ich wollte Uschi auf keinen Fall verkaufen. Allerdings hatte ich beim Fahren auch nicht mehr dieses gute, sichere Gefühl.

Zylinderkopf runter oder Austauschmaschine rein? Oder doch verkaufen? Zylinderkopf auf gut Glück run-ter war mir zu teuer und zu vage. Vielleicht lag es gar nicht daran. Einen neuen Motor rein? Nee, auch zu riskant. Denn a) weiß man nicht, was der vielleicht für Macken hat und b) kann man ein Auto mit einer ATM meist schwer verkaufen. Nun war guter Rat teuer. Ich freundete mich damit an, dass es das Vernünftigste sei, Uschi zu verkaufen, solange der Motor noch nicht hinüber ist. Und ich müsste es dem neuen Besitzer sagen und mit offenen Karten spielen. Und dann wollte ich ja auch noch ansatzweise das Geld für Uschi bekommen, was ich mal gezahlt hatte. Schwierige Mission....

Po, meine Jugendliebe

Ein 320i mit Reihensechszylinder

Mein Vater hatte sich zu dieser Zeit gerade einen neuen Mercedes zugelegt. Er war finanziell sozusagen gezwungen, einen Daimler zu kaufen, denn das Angebot für Konzernangehörige war unschlagbar. Er war gefühlte Jahrhunderte BMW gefahren und musste sich nun einen Mercedes kaufen. Der Arme. Es war nicht einfach, das „gepflegte Rentnerfahrzeug, aus erster Hand, unfallfrei, Nichtraucher mit solidem Sechszylinder" zu verkaufen. Technisch war alles super, aber er hatte nun mal über 280 TKM auf dem Tacho und war schon fast 20 Jahre alt. Unzählige Male klingelte mein Telefon und am an-

deren Ende nuschelte jemand: „Was ist letzte Preis?“
Nein, für den Export war er nun echt zu schade. Bei der
Vorstellung, dass der schöne BMW 320i in Tunesien als
Taxi endet oder sonstwo „zu Tode geheizt“ wird, das
ließ mein kleines Auto-Liebhaber-Herz bluten. Also
suchten wir weiter nach einem passenden Käufer. Für
1900 Euro inserierte ich ihn und war mir sicher, dass es
irgendwen gibt, der das auch zahlt und den technischen
Wert dieses Fahrzeuges anerkennt…..

Eines Tages meldete sich Herr G. (ebenfalls -wie meine
Eltern- wohnhaft in G.) und machte eine Probefahrt.
„Alles super, der soll's sein.“ So schnell sollte das ge-
hen? Herr G. war aber alles andere als liquide und es

wurde vereinbart, dass mein Vater ihn noch ein paar Wochen fährt und Herr G. ihn dann abholt und zahlt. Vertraglich wurde alles festgelegt und ich dachte mir: „Na immerhin noch 1900 Euro, besser als Taxi in Tunesien."

Diverse Male kam Herr G. zu meinen Eltern und vertröstete sie mit der Zahlung. Eines Tages, Herr G. war Altenpfleger, kam er mit einem großen Karton, in dem ursprünglich Stützstrümpfe waren. Er stand also mit dem Karton vor der Haustür und rief fröhlich: „Ich habe das Geld!" Allerdings war in dem Karton nur ein 50-Euro-Schein. Herr G. war also chronisch pleite und hatte es selbst noch nicht gemerkt. Eines Morgens traf ich ihn bei der Bank und die Bänkerin bot ihm an, dass sie ihm noch 4,74 Euro auszahlen könne. Mehr sei nicht mehr da. Es war Ende des Monats und Herr G. aus G. trottete beleidigt aus der Bank.

Das war mein Glück! Papa sagte, dass ich seinen E36 ja erst einmal nehmen könne und dann eben zwei Autos hätte. Und in der Zeit könne ich mir in Ruhe überlegen, was ich nun mit Uschi mache. Das war natürlich ein Angebot und ich stellte mir also zwei Autos vor die Tür.

Uschi litt weiterhin an zeitweisem Wasserverlust und so entschloss ich mich nach reiflicher Überlegung, sie zu verkaufen. Ich fand eine Käuferin, schrieb in den Vertrag hinein, dass der Wagen zeitweise Wasser verliert und sagte ihr, dass sie das weiterhin im Auge behalten muss. Sie sagte nur: „Ja, geil, kaufe ich." Sie handelte nicht und wir waren beide mit dem Preis zufrieden. Ich hörte nie wieder was von ihr, obwohl ich vermutet hatte, dass sie sich wegen des Wasserverlustes bestimmt noch einmal melden würde. Papa unkte die ersten Wochen rum und fragte mich regelmäßig, ob sich die Käuferin schon gemeldet habe. Sie müsse ja schon längst liegen geblieben sein; so wie ich immer. Sie meldete sich jedoch nie…

Und ich? Ja, ich fahre seitdem den E36, der erst zarte 291 TKM gelaufen hat. Uns verbindet eine gemeinsame Vergangenheit, denn seit ich 17 bin, kenne ich ihn. Damals, wenn ich ihn mir mal ausleihen durfte, habe ich mich immer gefühlt wie Graf Koks. Als 18-Jährige, die gerade ihren Führerschein hat, fühlt man sich bombastisch, wenn man mit einem nagelneuen BMW um's Eck gefahren kommt, das kann ich euch sagen ;-)

Als ich 22 war, da hatte ich einen Freund, der am Bodensee wohnte. Um ihn zu besuchen lieh Papa mir sein Auto, denn er wusste mich sicher aufgehoben in dem schönen, großen Auto. Eigentlich boten mir Mama und Papa an, dass ich die 700 KM mit dem Zug fahren solle, aber ich ließ mich von meiner fixen Idee, da „mal eben" mit dem Auto hinzufahren, nicht abbringen. Also saß ich dann letztendlich in Papas BMW und fuhr nach Feierabend an den Bodensee von Norddeutschland aus.

Auch als eines meiner Autos mal wieder streikte und ich einen Termin in Köln beim Fernsehen hatte, lieh mir Papa sein Auto, welches ja nun mal unkaputtbar ist. Unkaputtbar, das dachte ich zumindest. Denn: mit Po (so heißt er auf Grund seines Kennzeichens) habe ich vor einigen Wochen auch mein blaues Wunder erlebt.

Ich stieg ein, wollte ihn starten, aber nichts tat sich. Nur ein komisches Jiffeln, mehr passierte nicht. Ich rief also den ADAC, der kurze Zeit später auf den Hof gefahren kam. Der Mann setzte sich rein und startete. Alles super. Keine Probleme. „Ja ok, trotzdem dank", sagte ich freundlich und der ADAC Mann fuhr wieder. Es schien ja alles ok zu sein.

Ich freute mich und rief meinen kleinen Sohn, dass wir jetzt losfahren könnten. Wir schnallten uns an und ich versuchte, den Motor zu starten. Es tat sich nichts, außer einem Jiffeln. Ich rief also wieder den Herrn vom ADAC an, der sofort wendete und binnen ein paar Minuten wieder bei mir auf dem Hof stand.

Dann probierte es der ADAC-Mann wieder und er sprang an. So langsam dachte ich, dass ich bei „Verstehen Sie Spaß?" bin. Wir beschlossen, direkt zum Autohaus M. zu fahren. Das war direkt ein paar Straßen weiter. Obwohl ich damals, nach der Misere mit meinem 5er, den ich auch beim Autohaus M. gekauft hatte, beschlossen hatte, nie wieder einen Fuß auf das Gelände dieses Autohauses zu setzen, hielt ich es in dieser Situation für hilfreich, doch hier hin zu fahren.

Auf dem Parkplatz angekommen, verreckte Po komplett und ich erklärte dem Verkäufer, was passiert sei. „Kein Problem, junge Frau, das gucken sich unsere Fachleute mal an", säuselte er und nahm mir die Schlüssel ab. Nach zwei Tagen holte ich Po wieder ab. Es sei alles ok, man habe den Wagen durchgemessen, er würde anspringen, die Batterie sei ok, die Lichtmaschine sei auch ok und es könne nichts festgestellt werden.

Ziemlich unbefriedigt und um 120 Euro ärmer (man hatte ja Aufwand für die ganzen Messarbeiten) fuhr ich nach Hause. Ein paar Tage später, ich hatte die ganze Zeit schon so ein doofes Gefühl, sprang er mal wieder nicht an. Nachdem ich es dann mit x Versuchen schaffte, dass er ansprang, beschloss ich, direkt in meine Fachwerkstatt nach Delmenhorst zu fahren. Ca. 40 KM Autobahn lagen vor mir, aber ich war mir sicher, dass man mir in Delmenhorst helfen konnte. Dort arbeitet nämlich ein Meister, der schon längst in Rente ist. Und weil er solch einen Spaß an seinem Job hat, ist er trotz seines Rentendaseins immer noch stundenweise dort. Wenn einer helfen konnte, dann er.

Ich war also froh, dass der Wagen lief, ich rief im Büro an, dass ich heute nicht kommen würde und ich fuhr frohen Mutes auf die Autobahn.

Normalerweise nehme ich immer die Fähre, wenn ich zu meinen Eltern oder nach Delmenhorst will. Das tat ich diesmal nicht, denn ich befürchtete, dass der Wagen dann nach dem Stopp auf der Fähre nicht mehr anspringen würde. Also fuhr ich Richtung Autobahn.

„So, wir fahren da jetzt hin, Meister T. wird sicherlich gleich sagen können, was mit dir los ist und dann lassen wir dich schnell reparieren", sagte ich zu meinem Auto und beruhigte damit mich selber. Kaum auf der Autobahn begann mein Himmelfahrtskommando. Irgendwie hatte ich das Gefühl, dass der Wagen nicht mehr zieht. Ich wusste, dass irgendetwas nicht stimmt. Ich wusste es nicht nur, ich spürte es beim Fahren. Ich rief Papa und meinen Mann an und beide sagten, ich solle weiterfahren. Da ich keine Klimaanlage habe, habe ich meist das Gebläse an. Aber irgendwie wurde es trotz Gebläse wärmer im Auto und das Radio ging plötzlich aus. „Ganz ruhig bleiben, erstmal Fenster aufmachen", dachte ich und drückte den Scheibenöffner-Knopf. Doch es tat sich nichts. Das Fenster fuhr unglaubliche 2 cm runter und blieb dann stehen.

Ich merkte, dass mein BMW irgendwie langsam verreckte…. Ich fuhr verlangsamt weiter; der Wagen hing auch nicht mehr so am Gas wie sonst. Dann fiel die Tachonadel auf ihre Ruheposition; alle anderen Zeiger im

Cockpit ebenfalls. Durch den Straßenlärm übertönt, konnte ich nicht einmal mehr genau sagen, ob der Motor nun noch lief oder nicht. Innen war alles an Elektrik tot, alle Zeiger auf Nullstellung und ein merkwürdiger Geruch machte sich im Auto breit. Ich ging davon aus, dass der Motor noch lief, denn ich kam schließlich noch voran. „So eine blöde Schei**, F***, Ka***", fluchte ich und fing an zu heulen. Ich wollte rechts ran fahren, doch auf Bremens berühmten „Fly-Over" gab es keinen Standstreifen! Ich juckelte also bis zur nächsten Ausfahrt. Blinken oder aus dem Handzeichen winken, dass ich rechts ran muss, ging nicht. War ja alles out of order. Naja, irgendwann stand ich dann auf einem Seitenstreifen und hatte es geschafft, abzufahren.

Da stand ich nun und rief den ADAC, der auch kurz darauf ankam. Ich machte ihn auf den Geruch aufmerksam und er steckte seine Nase in mein Auto. „Riecht eben so, wie BMW riecht, etwas alt und modrig", stellte er fest. „Nee, aber im Ernst, das riecht wie Lichtmaschine", fügte er hinzu.

Er klemmte eine zweite Batterie an und ich fuhr auf meinen eigenen vier Rädern weiter nach Delmenhorst zu Meister T., wo Po übrigens vor 19 Jahren gekauft wurde. Als ich Meister T. ausführlich erklärte, was mir widerfahren sei, sagte er bemitleidend: „Och Mensch, Sie Ärmste, das ist ja alles nicht schön. Erst der E46 und nun auch noch Vaddis Wagen", sagte er mitfühlend, als ich auf den Hof gejuckelt kam.

„Ja, wem sagen Sie das", schnaubte ich mit trauriger Stimme.

Er schlich ums Auto, er streichte über den Kofferraum und er fummelte sich am Kinn herum. Er sprach nicht mehr und guckte ernst. Er ging noch einmal um das Auto herum. „Komm, ich brauche jetzt erstmal einen Kaffee und dann wird Meister T. uns schon irgendwann sagen, was nun ist", meinte ich zu Papa und wir gingen rein und nahmen in der Kaffee-Ecke Platz. Papa las die Zeitung, ich tippte auf meinem Handy rum. Dann kam Herr T. und fragte, ob ich ihm das Geräusch mal vormachen könne. Da ich es zum Glück mit dem Smartphone aufgenommen hatte, dieses fiese Jiffeln als er nicht ansprang, konnte ich es ihm also praktischerweise vorspielen.

„Lichtmaschine", mit diesen Worten verschwand er dann wieder und schrieb sich ein paar Notizen auf. Wir vertrauten Herrn T. also, ließen den Wagen dort und hofften, dass ich ihn in ein paar Tagen mit neuer LiMa wiederhaben würde. Und so war es dann auch. Er bekam eine neue Lichtmaschine und seitdem läuft er einwandfrei. Da sich mein Vater irgendwie immer noch ein wenig verantwortlich für „seinen" 320i fühlt, gab er mir großzügig die Hälfte zur Rechnung dazu.

Auch wenn der betagte Po hier und da Rost hat, keine Klimaanlage oder sonstigen Schnickschnack; sein Motor scheint unkaputtbar zu sein. Ein Sechszylinder eben. Ich werde ihn fahren bis zum bitteren Ende, denn uns verbindet ein ganz besonderes Verhältnis und unsere gemeinsame Vergangenheit. Die Lichtmaschine verbuche ich als Alters-Schwächeanfall, denn nach 19 Jahren kann das schon mal sein.

Ich hoffe, dass ich in ein paar Jahren mal im Lotto gewinne und mir dann eventuell mal ein neues Auto kaufen kann. Aber bis dahin fließt noch viel Wasser die Weser runter.